LA PÂTISSERIE EXTRAORDINAIRE

Photographies : © Sandra Hygonnenc
Page 8 : © Luc Olivier
Illustration pages 1 et 3 : © darsi / Shutterstock

Département Pratique
Éditrice : Élise Bigot
Coordination des textes : Audrey Roit
Préparation et correction des textes : Nathalie Sawmy
Création graphique et mise en page : Florence Cailly
Fabrication : Louisa Hanifi-Morard, Julie Hautecourt
et Manon Pouch

82, rue Saint-Lazare, CS 10124, 75009 Paris
https://editions.flammarion.com/
ISBN : 978-2-0804-1417-5
N° d’édition : 555136
Dépôt légal avril 2024

CYRIL SAN NICOLAS

SUCRÉ SALÉ ACIDE AMER UMAMI

LA PÂTISSERIE EXTRAORDINAIRE

Les alliances des 5 goûts

Photographies de Sandra Hygonnenc

Flammarion

SOMMAIRE

Bordeaux
Cyril San Nicolas
Aloha Chef
MAÎTRE ARTISAN

Le chef Cyril San Nicolas est un professionnel reconnu dans le milieu de la pâtisserie française avec plus de trente ans d'expérience. Maître pâtissier-chocolatier, il a été membre du jury puis CET (Conseiller d'Éducation Technologique) président du jury des CAP pâtissier et CAP chocolatier pendant de nombreuses années.

Artisan et entrepreneur chevronné, il a tenu une boutique et un laboratoire pendant vingt-cinq ans et a ouvert plusieurs autres concepts. Il garde d'ailleurs une partie production de chocolats artisanaux dans son laboratoire près de Bordeaux.

Il se déplace partout en France et dans le monde pour des ateliers-formations, des démonstrations et des consultings réguliers.

Entre boutiques éphémères au Japon, quatre mains aux États-Unis (deux chefs préparant un menu commun) et une invitation à un voyage gourmand avec son « Cannelé voyageur » au Pérou ou encore au Vietnam, ce chef épicurien s'inspire de toutes les cultures gourmandes qu'il croise et de toutes les délicieuses rencontres au fur et à mesure de ses voyages.

Son école de pâtisserie « phygitale » (physique et digitale)[1] lui vaut sa notoriété. L'école CDP San Nicolas (« CDP » signifie cours de pâtisserie) entraîne principalement des personnes en reconversion professionnelle à passer leur CAP pâtissier et se spécialise aussi dans l'entrepreneuriat en pâtisserie (création de concepts, master class sur des thématiques spécialisées, chocolaterie et desserts modernes…). Depuis 2021, de nombreux passionnés ont rejoint cette grande famille.

La transmission du savoir-faire français est essentielle au chef Cyril San Nicolas. Il espère donc, à travers ce livre, ses recettes et son école, vous donner le goût de révéler le chef qui est en vous.

1. www.cyrilsannicolas.com

Bruno Montcoudiol

C'est avec plaisir et honneur que je me lance dans l'exercice de la préface d'un livre de pâtisserie. Je suis très heureux pour toi, Cyril : ce projet restera dans les mémoires et marquera les « écritures gourmandes ».

Notre métier est un métier de passion et de partage que tu as exercé pendant de nombreuses années en étant un artisan du goût. Pendant tout ce temps, tu as transmis ton enthousiasme à des apprentis, des stagiaires, des collaborateurs qui vont en faire de même pour que perdure notre métier. Tu n'as cessé de te former toi-même afin de continuer à progresser ; une remise en question permanente qui nous a permis de nous rencontrer lors de différentes formations.

La pâtisserie est un art où la rigueur et la technicité sont reines. Le palais est à la fête, les sens sont en éveil afin de mettre en place « notre pâtisserie », « notre vision » ; ce sont toutes ces choses communes qui font ces moments de partages, de souvenirs.

Un dessert doit surprendre, avoir des saveurs franches, avec un côté contemporain, sans perte de repères pour autant. C'est tout cela que tu transmets dans cet ouvrage destiné à toutes les personnes réceptives au message humble, passionné, généreux qui te caractérise.

Beau voyage gourmand au pays sucré de Cyril.

BRUNO MONTCOUDIOL
Meilleur Ouvrier de France pâtissier-confiseur 2004
Champion du monde 2006

INTRODUCTION

BIENVENUE AU GOÛT !

Mettre en bouche un aliment déclenche une cascade de réactions pour finir dans le cortex cérébral et générer du plaisir (en tout cas, si on mange une pâtisserie qu'on aime).

Le goût se forme donc tout d'abord en partant de la bouche et de la langue. En goûtant ou mangeant des aliments que nous mettons en contact avec notre salive, ils libèrent des molécules « sapides » qui se lient ou se propagent sur les papilles. Ces papilles renferment ce qu'on appelle des « bourgeons gustatifs » qui détectent les saveurs. Certains ne reconnaissent que le salé, ou que le sucré, que l'acidulé… Puis la porte conduisant au cerveau s'ouvre : les récepteurs sont activés, libèrent des neurotransmetteurs et génèrent un afflux nerveux.

LES GOÛTS : FANTASME PERSONNEL, ALCHIMIE D'UNE RENCONTRE

Ma rencontre avec le sucré a débuté selon mon plus lointain souvenir lorsque ma mère fabriquait des pâtes et fonds de tartes. Je lui en piquais des morceaux pour les « béqueter crus ». Vous avez peut-être le même souvenir ? Ce fut ma première attirance pour la pâtisserie, l'élément déclencheur de mon intérêt pour les différents goûts, et surtout le sucré. Cela ne veut pas dire que j'ai arrêté de grignoter des morceaux de pâtes crues, j'adore toujours autant cela ! Pâte à choux, pâte à brioches… Tout y passe. Honnêtement, je pense que c'est mon fantasme personnel, mais nous n'irons pas plus loin sur ce sujet croustillant. Maintenant, l'association et la diversification des goûts sont ma passion et j'aimerais vous la transmettre à travers ce livre.

LA DIFFÉRENCE ENTRE GOÛT ET SAVEUR

Le goût est le « sens » qui nous permet de reconnaître les saveurs. Les saveurs sont donc plus précisément « l'image mentale » que créent les molécules sapides (libérées lors de l'activation et de la stimulation des détecteurs gustatifs). Les goûts sont des messages qui nous disent quelque chose sur ce que nous mettons dans notre bouche, et les saveurs sont l'interprétation de ces messages, le point de rencontre entre le goût et les sensations. Ainsi, « l'acide » est le goût, « la sensation d'acidité » est la saveur. De même pour « amer/amertume » et ainsi de suite...

TYPOLOGIE DES 5 GOÛTS

L'acide est peut-être l'un des meilleurs goûts pour rendre un produit « punchy » ; il réveille nos papilles gustatives.

Le salé provoque une explosion « piquante » qui va obliger les papilles à s'activer.

L'amer est ce fameux goût « aigre, rude » que nous retrouvons en bouche au premier abord, directement capté par notre langue comme un chamboulement, parfois dérangeant, arrondi par le sucre et contrastant les différentes associations.

Le sucré est l'exhausteur par excellence ; ce conservateur naturel représente le goût le plus marquant en pâtisserie.

L'umami, ou « goût savoureux », est plein de surprises avec une impression irrésistible de « reviens-y ». Une certaine association de l'acide, du sucré, du salé et de l'amertume pour vous procurer une sensation propre à chacun.

Par ailleurs, les sensations épicées, alcoolisées et astringentes permettent de sublimer les quatre goûts précédents (sauf l'umami), d'augmenter leur perception. Cela a aussi pour effet de plus faire saliver. C'est donc pour cela que nous utilisons très souvent des épices, alcools et végétaux astringents ou tanins en pâtisserie. Quand on déguste une pâtisserie épicée, on décuple l'intérêt de nos papilles par un phénomène qui va au-delà du sucré ou de l'acidité par exemple. Le piment active les capteurs de chaleur (d'où mon attirance pour le piment d'Espelette dans les assiettes sucrées). Les tanins (présents dans le vin), astringents, complexifient les protéines et provoquent une contraction des tissus organiques dans la bouche.

LA DÉMARCHE

Afin de créer des expériences plus complexes des saveurs, je mixe les différents goûts selon des assemblages improbables (ou pas). Le but est d'avoir une sensation de plaisir, en titillant le palais, perturbant les papilles, rassurant le cerveau, rappelant des souvenirs, déclenchant la surprise… Et au final, quand ce plaisir ultime est atteint ou déterminé, nous voyons apparaître le lien qui unit ces goûts ; d'où l'étonnant umami.

VOYAGES, EXPÉRIENCES DU CHEF

Les voyages forment le caractère, paraît-il. Cela construit et accroît aussi notre expérience culinaire, notre vision des saveurs. On s'ouvre à plein de possibilités auxquelles on n'aurait pas pensé, qu'on n'aurait même pas imaginées, nos habitudes sont bousculées. J'ai toujours aimé les voyages, particulièrement pour la découverte de la gastronomie internationale. Quelles saveurs sont appréciées en Asie ? De quoi sera friand le palais d'un Péruvien ? Comment un Américain va préférer son gâteau d'anniversaire ? (Je ne parlerai pas de la cuisson des viandes, sujet sensible, on a tous nos préférences.)

Ainsi, ma première expérience avec le durian était déstabilisante pour mon petit palais français. Toutefois, cela reste à vivre : dans chaque pays, soyons friands de découvertes ! Au Pérou, le chérimoya avec sa chair crémeuse et fondante, entre l'ananas, la banane et la poire, est un excellent fruit ! Au Japon, royaume des agrumes, j'ai goûté le sudachi et le yuzu, entre autres, que j'utilise depuis très souvent dans mes pâtisseries. Au Vietnam, je retiens particulièrement le fruit du dragon, le mangoustan et le ramboutan… En Guadeloupe, je conseille les incroyables maracujas ou fruits de la Passion ainsi que les avocats si savoureux.

Et la France aussi a beaucoup d'expériences à nous offrir, qui peuvent tout à fait être liées à des expériences à l'étranger. Par exemple, la première chose qui me vient à l'idée quand on dit « sel », c'est une bonne entrecôte ! Et avant tout, je pense à sa provenance, aux marais salants français qui nous tiennent tant à cœur, particulièrement sur l'île de Ré et à Guérande. Cette région n'a jamais cessé de m'inspirer. Et où que ce soit dans le monde, même à Honolulu (Hawaï), la dégustation d'une entrecôte s'est toujours faite avec de la fleur de sel. Pour en revenir à la pâtisserie, la fleur de sel apparaît dans nombre de mes biscuits, et évidemment dans les caramels. Tout comme le piment d'Espelette, le safran girondin, les pignons de pins des Landes (oui je sais, je suis très Sud-Ouest).

Tout cela m'inspire pour les créations pâtissières qui m'animent chaque semaine, notamment avec les élèves de mon école de pâtisserie CDP San Nicolas (cours de pâtisserie). Entre nos voyages et les origines des élèves, nous avons de quoi échanger et créer toute une vie.

Et je suis si heureux de partager un bout de mon chemin avec vous…

UNE SI DOUCE ACIDITÉ

L'acidité est une saveur qui va révéler différents goûts, avec une sensation « piquante » que l'on peut retrouver dans les fruits rouges tels que le cassis, la fraise, la framboise, la groseille ; dans des fruits jaunes comme les fruits de la Passion, l'ananas ou même l'abricot parfois ; et bien évidemment dans les pommes et les agrumes.

Pour commencer, il faut savoir qu'il y a plusieurs « acides ». En voici quelques-uns : l'acide acétique, que nous retrouvons souvent dans des vinaigres blancs concentrés ; l'acide phosphorique, utilisé dans certaines confiseries et boissons, sous le nom « E338 » ; l'acide citrique, présent dans le citron ; l'acide lactique, par exemple dans les produits laitiers ; l'acide malique, dans de nombreux végétaux comme les pommes, poires, jus de raisin…

Dans la tête des gens, l'acidité est synonyme de piquant, aigre, amer, rude… Donc des sensations pas toujours agréables. Et pourtant, l'acidité apporte de l'équilibre à beaucoup de préparations alimentaires.

Sans elle, les saveurs en pâtisserie et confiserie seraient plus fades. Ce goût à la fois piquant et aromatique, frais en bouche, fluide, me fait tout de suite penser à des agrumes. Pour moi, sans cette petite « pointe » ajoutée, le produit a un goût plus « neutre ». C'est une saveur essentielle, un véritable « orgasme du goût » qui a une vertu d'exhausteur d'arômes.

L'acidité peut s'associer à toutes les saveurs. C'est surtout un complément dans certains plats et certaines préparations ; elle peut être associée à une matière grasse, comme dans un beurre citronné, une crème citron… On peut aussi tout simplement manger une framboise avec une pointe de chantilly. En pâtisserie, on a souvent pour règle d'allier l'acidité à une saveur douce (telle que la chantilly, un fruit plus doux, un biscuit qui va nous aider à atténuer le taux d'acidité et la sensation organoleptique acide un peu rude). La tarte citron meringuée en est le parfait exemple : une crème très acidulée (voire la plus acidulée qui existe) et la douceur de la meringue italienne. C'est le mélange de ces deux saveurs qui va vous faire dresser les poils sur les bras. Acidité et sucré vont donc très bien ensemble. On pourrait aussi travailler des saveurs piquantes avec des épices : l'acidité nous aide à aller bien plus loin.

Nous avons un muscle extraordinaire : la langue, dotée de milliers de papilles gustatives – qui sont autant de capteurs de goûts – grâce auxquelles nous ressentons les saveurs. L'acidité est souvent captée sur les deux côtés de la langue, ce qui va amplifier le phénomène de salivation et provoquer une sensation de goût explosif et piquant à la fois, déroutant pour certains, excitant et attirant pour d'autres. L'acidité va donc provoquer une « hypersalivation » avec la sensation que l'on « crisse un peu des dents ».

Pour ma part, je suis particulièrement friand de ces sensations. Voilà pourquoi ma pâtisserie comporte souvent une bonne dose d'acidité. Cette saveur permet de créer une multitude de recettes intéressantes, et j'aime particulièrement en jouer.

En pâtisserie, on se sert fréquemment de l'acide citrique, naturellement présent notamment dans le citron, ou dans d'autres agrumes (comme les oranges, les mandarines…). Il révèle les arômes, apporte un équilibre certain (pour toutes les crèmes…) et sert également de cristallisant. L'acide citrique nous permet de cristalliser des confiseries telles que des pâtes de fruits, certains coulis pectinés et est aussi un super antioxydant. Ainsi l'acidité d'un citron va permettre à un avocat, une banane, une pomme ou une aubergine de ne pas s'oxyder (c'est-à-dire de ne pas noircir). Elle réhaussera le goût, apportera des sensations, éveillera l'émotion. N'oublions pas que le but numéro 1 de la pâtisserie est d'être ému. Manger un citron brut, ça n'a « ni queue ni tête ».

Bien que chacun ait une sensibilité particulière à l'acidité (avec plus ou moins d'affinités), on s'en sert souvent en pâtisserie pour accompagner un dessert à l'assiette (dans une sauce, ou dans une mousse de l'entremets par exemple), une salade de fruits… ou encore pour rehausser le goût d'un autre fruit qui a peu d'intérêt : c'est là que ça devient intéressant !

Dans certaines pâtes telles que des sablés ou des biscuits, l'acidité influe directement sur le développement du gluten (elle le ralentit, entre autres). Ici nous utilisons du citron vert dans la pâte sucrée de la « tarte ananas noix pamplemousse » tant pour le goût que pour cette influence.

Et en dehors de la pâtisserie, rappelons aussi que certains produits acides sont un très bon antioxydant (grâce à la vitamine C contenue par exemple dans les agrumes, kiwi, cassis…). Si comme nous l'avons précisé plus haut, le citron permet à des fruits de ne pas s'oxyder, sans doute avez-vous aussi souvent entendu dire que pour bien démarrer une journée, un bon jus d'orange est essentiel.

Autre exemple : autrefois, on mettait un peu de vinaigre dans les pâtes à croissants pour éviter l'oxydation d'une pâte.

On utilise quotidiennement du citron – sous forme d'acide citrique – pour faire son ménage. On emploie aussi dans certaines boissons gazeuses mondialement connues « l'acide phosphorique ».

L'acide lactique est quant à lui présent dans certains produits laitiers tels que les yaourts, afin de favoriser la fermentation.

Sans oublier « l'acide malique », que l'on trouve dans la plupart des fruits.

POUR UNE GRANDE TARTE DE 6 À 8 PERSONNES avec un cercle de 18 à 20 cm de diamètre et 2 cm de hauteur ou **POUR 10 TARTELETTES** avec 10 moules de 6 à 8 cm de diamètre

TARTE CHOCOLAT FRAMBOISES

Pâte sucrée cacao
- 85 g de sucre cristal
- 1 g de sel fin
- 22 g de poudre d'amandes
- ½ gousse de vanille ou 1 cuillerée à café de vanille en poudre ou d'extrait de vanille
- 22 g de pur cacao en poudre
- 200 g de farine T45
- 130 g de beurre
- 45 g d'œufs entiers
- QS de beurre pour le cerclage

Coulis de framboises
- 90 g de sucre
- 200 g de framboises
- 15 g de masse de gélatine

Ganache chocolat
- 250 g de crème fraîche liquide à 35 % de matière grasse
- 50 g de beurre (ne pas utiliser de margarine ni de beurre végétal)
- 25 g de glucose
- 200 g de couverture chocolat noir à 64 %

Nougatine chocolat décor
- 20 g d'amandes émondées hachées
- 40 g de cassonade ou de sucre cristal
- 40 g de glucose
- 40 g de beurre (ne pas utiliser de margarine ni de beurre végétal)
- 2 g de pur cacao en poudre
- 20 g de grué de cacao ou d'amandes hachées

Masse de gélatine
- 500 g d'eau très froide
- 100 g de gélatine en poudre (ici de la gélatine bovine 200 Bloom) ou 100 g de feuilles de gélatine.

PÂTE SUCRÉE CACAO

1. Mettre tous les extraits secs (sucre, sel, poudre d'amandes, vanille, cacao en poudre et farine) et le beurre froid dans le batteur avec la feuille.

2. Faire sabler et, une fois que c'est bien sablé au bout de 10 voire 15 minutes, ajouter les œufs, bien mélanger et réserver dans un papier film alimentaire au congélateur.

3. Beurrer le cerclage en Inox.

4. Travailler la pâte cacao bien froide et étaler à 2,5 mm environ (2 mm pour les tartelettes).

5. Foncer la pâte.

6. Cuire votre tarte sur une feuille de four ou une feuille Silpain à 160 °C au four ventilé à chaleur tournante pendant environ 20 minutes (15 minutes pour les tartelettes).

7. Laisser refroidir le ou les fond(s) de tarte(s) et réserver au congélateur.

5

COULIS DE FRAMBOISES

1. Faire cuire le sucre et les framboises jusqu'à épaississement dans une casserole en mélangeant bien.

2. Retirer du feu. Ajouter la masse de gélatine et bien mélanger.

3. Réserver au frais filmé au contact avant de couler dans le ou les fond(s) de tarte(s) cuit(s).

GANACHE CHOCOLAT

1. Faire chauffer la crème fraîche, le beurre et le glucose dans une casserole à 40 °C.

2. Faire fondre le chocolat dans un récipient à 30 °C.

3. Une fois que les deux éléments sont à bonne température, les émulsionner ensemble.

4. Réserver à température ambiante en remuant régulièrement avant de couler dans le(s) fond(s) de tarte(s) refroidi(s), sur le coulis de framboises.

MASSE DE GÉLATINE

Méthode si vous avez de la poudre de gélatine :

1. Verser 100 g de poudre de gélatine dans 500 g d'eau très froide.
Bien fouetter, puis laisser « durcir » (prendre).

2. Lorsque la gélatine est bien prise, faire fondre la masse au micro-ondes. Puis, verser dans des moules en silicone afin que cela soit plus facile à stocker.

3. Lorsque les « lingots » de masse de gélatine sont bien pris, démouler puis filmer chaque pièce de masse de gélatine. Mettre au congélateur et ne les ressortir qu'avant utilisation.

Méthode si vous avez des feuilles de gélatine :

1. Peser 100 g de feuilles de gélatine, les casser et les mettre dans un grand plat. Verser dessus 500 g d'eau très froide. Mélanger et laisser « durcir » (prendre).

2. Lorsque la gélatine est bien prise, faire fondre la masse au micro-ondes. puis, verser dans des moules en silicone afin que cela soit plus facile à stocker.

3. Lorsque les « lingots » de masse de gélatine sont bien pris, démouler puis filmer chaque pièce de masse de gélatine. Mettre au congélateur et ne les ressortir qu'avant utilisation en pesant la quantité exacte nécessaire.

Exemple : quand vous aurez besoin de 15 g de masse de gélatine, il suffira de prendre un bloc congelé et de le peser.

Ce sont des parfums classiques avec une touche régressive entre l'amertume du chocolat noir et l'acidité de la framboise. Et cela restera une tarte de référence.

NOUGATINE CHOCOLAT DÉCOR

1. Mettre tous les ingrédients dans une casserole (sauf le grué) et faire bouillir. Bien mélanger.

2. Ajouter le grué de cacao et pousser jusqu'au gros bouillon.

3. Couler sur un tapis de cuisson (feuille Silpat ou feuille de four ou feuille en fibre de verre) et une plaque. Mettre au four ventilé à chaleur tournante environ 20 minutes à 150 °C.

4. Laisser refroidir la nougatine avant de la casser pour le décor.

DÉCOR :

Prévoir une barquette de framboises fraîches, du sucre glace, de la nougatine au chocolat, un décor au chocolat si vous le souhaitez…

POUR 6 VERRINES

VERRINES FRAISES BASILIC

Mousse fromage blanc citron

- 125 g de crème fraîche liquide à 35 % de matière grasse
- 1 gousse de vanille de Madagascar
- 1 zeste de citron jaune
- 45 g de jaunes d'œufs
- 65 g de sucre cristal
- 50 g de masse de gélatine (voir page 26)
- 200 g de fromage blanc
- 250 g de crème fraîche fouettée

Compotée de fraises basilic

- 180 g de sucre cristal
- 320 g de fraises fraîches
- Jus de ½ citron jaune
- 10 g de feuilles de basilic frais

Montage

- 250 g de fraises fraîches
- 1 zeste de citron jaune
- 1 branche de feuilles de basilic frais

MOUSSE FROMAGE BLANC CITRON

1. Mettre la crème fraîche, la gousse de vanille préalablement grattée et le zeste de citron dans une casserole. Faire chauffer jusqu'à ébullition. Sortir du feu et filmer la casserole (pas au contact) pour faire infuser le temps de peser le reste.

2. Blanchir les jaunes et le sucre. Faire un prémélange avec la crème chauffée. Reverser le tout dans la casserole et cuire « à la nappe » à 82-83 °C.

3. Verser la masse de gélatine hors du feu. Bien mélanger.

4. Couler dans un plat. Filmer au contact et réserver au réfrigérateur jusqu'à refroidissement complet (environ 1 heure).

5. Ressortir la crème anglaise du froid et la détendre à l'aide d'un fouet.

6. Mélanger la moitié du fromage blanc à la crème anglaise.

7. Faire monter l'autre moitié du fromage blanc avec la crème fouettée au batteur dans une cuve bien froide avec le fouet à vitesse rapide. Monter ferme.

8. Incorporer cette chantilly dans la crème anglaise à l'aide d'une maryse. Bien mélanger.

9. Mettre dans une poche à douille (ici sans douille) et réserver au frais avant montage de la verrine.

COMPOTÉE DE FRAISES BASILIC

1. Mettre le sucre avec les fraises et le jus de citron dans une casserole. Cuire jusqu'à la consistance voulue, environ 10 à 15 minutes à feu doux.

2. Ajouter les feuilles de basilic ciselées hors du feu. Bien mélanger.

3. Filmer au contact dans la casserole et réserver à température ambiante jusqu'au refroidissement complet.

MONTAGE

1. Garnir un tiers du verre avec la compotée de fraises basilic.

2. Garnir par-dessus deux tiers de la verrine avec la mousse fromage blanc.

3. Disposer des fraises coupées en quatre pour le décor. Zester du citron jaune et ajouter quelques feuilles de basilic ciselées très finement.

L'originalité de cette recette tient à la fraîcheur et à l'alliance du fromage blanc avec le citron jaune. La fraise apporte la gourmandise qui nous rassure.
Le basilic est la touche finale de ce véritable nuage acidulé.

POUR 16 CHOUX INDIVIDUELS

CHOUX AUX SAVEURS EXOTIQUES

Craquelin
- 100 g de farine T45
- 100 g de sucre
- 100 g de beurre

Pâte à choux
- 125 g d'eau
- 125 g de lait entier
- 5 g de sucre cristal
- 2,5 g de sel fin
- 115 g de beurre (ne pas utiliser de margarine ni de beurre végétal)
- 150 g de farine T45
- 200 à 250 g d'œufs

Coulis semi-gélifié mangue passion banane
- 125 g de pulpe de mangue
- 50 g de pulpe de fruit de la Passion
- 25 g de pulpe de banane
- 25 g de masse de gélatine (voir page 26)
- 50 g de sucre cristal
- 50 g de cubes de banane
- 50 g de cubes de mangue
- 20 g de fruit de la Passion
- 1 zeste de citron vert

Crème Nicolate
- 250 g de lait entier
- 60 g de sucre cristal
- ½ gousse de vanille (ou 1 c. à c. de poudre de vanille ou extrait de vanille)
- 60 g de jaunes d'œufs
- 20 g de poudre à crème (ou fleur de maïs)
- 10 g de masse de gélatine (voir page 26)
- 65 g de beurre (ne pas utiliser de margarine ni de beurre végétal)
- 150 g de crème fraîche

CRAQUELIN

1. Mettre tous les ingrédients (veiller à ce que le beurre soit bien froid) dans la cuve de batteur avec une feuille et faire tourner à vitesse moyenne jusqu'au sablage.

2. Étaler entre 2 feuilles de four (ou bien feuilles siliconées) à environ 2,5 mm d'épaisseur et réserver au frais pendant au moins 1 heure au réfrigérateur ou environ 15 minutes au congélateur.

3. Emporte-piécer selon le diamètre des choux (4 cm environ).

1

2

3

PÂTE À CHOUX

1. Mettre dans une casserole l'eau, le lait, le sucre, le sel et le beurre. Faire bouillir.

2. Une fois que cela bout, verser la farine préalablement tamisée dans la casserole hors du feu et bien mélanger. Faire ensuite dessécher à petit feu (faire une « panade »).

3. Une fois que c'est bien séché, mettre dans la cuve de batteur avec la feuille. Laisser tourner à petite vitesse le temps que la vapeur s'échappe.

4. Commencer à mettre les œufs en filet jusqu'à obtenir la consistance voulue (soit une forme de « bec de perroquet » quand on soulève et qu'on incline la spatule avec de la pâte). Ne pas mettre tous les œufs si ce n'est pas nécessaire (ici en général environ 220 g d'œufs).

SUITE… PÂTE À CHOUX

5. Pocher des choux de 4 cm de diamètre à l'aide d'une poche à douille avec une douille PF18 (sur une feuille Silpain, une feuille de four, une feuille à macarons en fibre de verre ou une plaque de four graissée).

6. Ajouter le craquelin.

7. Cuire selon votre four : préchauffer le four à 230 °C en four ventilé chaleur tournante.

8. Enfourner les choux à 220 °C chaleur statique. Au bout de 12 minutes, baisser le four à 180 °C (statique) pendant 10 minutes. Finir la cuisson à 170 °C en ventilé chaleur tournante pendant 10 à 15 minutes.

9. Sortir les choux du four et poser directement sur une grille froide pour laisser refroidir.

5

6

9

Une douceur longue en bouche avec la vanille. La mangue et la banane, mélangées à du citron vert, deviennent un marqueur de fraîcheur exotique. Et le voyage commence.

COULIS SEMI-GÉLIFIÉ MANGUE PASSION BANANE

1. Mélanger toutes les pulpes.

2. Verser un tiers des pulpes sur la masse de gélatine.

3. Faire fondre la masse de gélatine au micro-ondes (attention, il ne faut pas que ce soit trop chaud, mais juste fondu ; sinon faire baisser la température avec plus de pulpe).

4. Mélanger le sucre aux pulpes et incorporer la gélatine dans les pulpes. Mélanger et mixer pour que ce soit bien lisse.

5. Ajouter les cubes de fruits frais (taillés petits), le fruit de la Passion et le zeste de citron vert.

6. Filmer au contact dans un contenant et réserver au frais.

7. Attendre que le coulis ait redescendu en température avant de le pocher dans les choux.

CRÈME NICOLATE

1. Faire bouillir le lait et la moitié du sucre ainsi que la vanille dans une casserole.

2. Dans un cul-de-poule, mettre les jaunes d'œufs, le sucre restant et la poudre à crème ; blanchir.

3. Une fois que le lait bout, verser un tiers de lait dans le cul-de-poule pour le prémélange. Reverser ce prémélange dans la casserole pour cuire la crème.

4. Cuire 20 secondes ; fouetter énergiquement.

5. Ajouter la masse de gélatine et le beurre hors du feu pour stopper la cuisson.

2

5

SUITE… CRÈME NICOLATE

6. Coucher entre deux films alimentaires et mettre au réfrigérateur. La crème pâtissière doit être très fine pour éviter le développement microbien.

7. Monter la crème fraîche très ferme dans une cuve de batteur bien froide pour en faire une chantilly.

8. Détendre la crème pâtissière au batteur à l'aide du fouet.

9. Faire un prémélange : incorporer la moitié de la chantilly à la crème pâtissière préalablement détendue (après repos et avant utilisation seulement). Ajouter la dernière partie de la chantilly et bien mélanger avec un fouet à la main.

10. Mettre dans une poche à douille avec une douille PF18.

MONTAGE

1. Couper le haut des choux proprement à l'aide d'un couteau-scie.

2. Garnir les choux : d'abord mettre un point de crème Nicolate au fond et la faire remonter sur les parois à l'aide d'une petite cuillère pour étanchéifier les choux. Garnir ensuite la moitié des choux de coulis (veiller à ce qu'il ne soit plus liquide, attendre qu'il ait redescendu en température, et soit gélifié) puis de crème Nicolate jusqu'au bord (à l'aide d'une poche à douille sans douille). Finir de pocher avec de la crème Nicolate à l'aide d' une poche à douille et d'une douille cannelée.

1

2

2

2

3. Ajouter un peu de coulis pour le décor.
Placer une dizaine de minutes au congélateur avant de présenter.

3

3

DÉCOR

Prévoir des zestes de citron vert et des fruits frais.

POUR UNE GRANDE TARTE DE 6 À 8 PERSONNES avec un cercle de 18 à 20 cm de diamètre et 2 cm de hauteur ou **POUR 8 TARTELETTES** avec 8 moules individuels de 6 à 8 cm de diamètre

TARTE ANANAS NOIX PAMPLEMOUSSE

Pâte sucrée au citron vert

- 82 g de sucre cristal
- 1 g de sel fin
- 27 g de poudre d'amandes
- 220 g de farine T45
- ½ gousse de vanille ou 1 cuillerée à café de vanille en poudre ou d'extrait de vanille
- 2 zestes de citron vert
- 130 g de beurre (pas de margarine ni de beurre allégé en matière grasse) + QS pour la dorure
- 45 g d'œufs entiers

Crème de noix

- 100 g de beurre pommade (ne pas utiliser de margarine ni de beurre végétal)
- 50 g de poudre d'amandes
- 50 g de poudre de noisettes
- 50 g de noix de pécan concassées grossièrement (non torréfiées)
- 100 g de sucre cristal
- 100 g d'œufs entiers

Gelée de pamplemousse

- 150 g de jus de pamplemousse
- 1 zeste de pamplemousse
- 1 zeste de citron jaune
- 40 g de sucre cristal
- 40 g de masse de gélatine (voir page 26)

Ananas « confit »

- 1 ananas frais (environ 400 g de chair)
- 1 l de sirop à 30 °B (500 g d'eau pour 650 g de sucre)
- 1 gousse de vanille de Madagascar
- Le zeste de 3 citrons verts

“

Clairement, je souhaite titiller vos papilles avec le côté astringent. Avec un bon équilibre, entre l’acidité du citron vert, l’ananas et la douceur de la crème de noix, le palais apprécie les saveurs déstabilisantes et agréables à la fois… Une recette pour bousculer vos habitudes.

PÂTE SUCRÉE AU CITRON VERT

1. Mettre tous les extraits secs (sucre, sel, poudre d'amandes, farine, vanille), les zestes et le beurre froid dans le batteur avec la feuille.

2. Faire sabler et, une fois que c'est bien sablé au bout de 10 voire 15 minutes, ajouter les œufs, bien mélanger et réserver dans un papier film alimentaire au réfrigérateur.

3. Beurrer le cerclage en Inox.

4. Travailler la pâte bien froide, étaler à 2,5 mm environ (2 mm pour les tartelettes) et foncer.

5. Précuire votre tarte sur une feuille de four ou une feuille Silpain à 160 °C au four ventilé chaleur tournante pendant environ 10 minutes.

6. Ajouter la crème de noix (à chaud). Continuer la cuisson 10 minutes à 160 °C.

7. Laisser refroidir le(s) fond(s) de tarte(s).

CRÈME DE NOIX

1. Travailler avec une spatule le beurre en « texture pommade » et à l'aide du micro-ondes.

2. Mettre tous les ingrédients dans une cuve de batteur et mélanger à l'aide de la feuille 15 à 20 secondes, puis arrêter.

3. Couler aux trois quarts de la hauteur dans les fond(s) de tarte(s) précuit(s).

4. Continuer la cuisson pendant 10 minutes à 160 °C.

GELÉE DE PAMPLEMOUSSE

1. Mélanger le jus, les zestes et le sucre.

2. Mélanger le tiers de cette préparation à la masse de gélatine et mettre au micro-ondes quelques secondes.

3. Reverser ce mélange dans la masse totale.

4. Couler dans les fond(s) de tarte(s) refroidi(s) sur la crème de noix.

ANANAS « CONFIT »

1. Découper l'ananas en petites tranches (petits triangles).

2. Faire cuire dans le sirop avec la vanille et les zestes environ 10 à 20 minutes (jusqu'à ce que l'ananas soit légèrement translucide).

3. Filmer la casserole.

4. Réserver dans son jus (idéalement toute une nuit) au frais.

5. Égoutter avant utilisation (on peut conserver le sirop pour faire un punch par exemple).

6. Mettre quelques triangles d'ananas sur la tarte.

7. Si nécessaire, napper à l'aide d'un pinceau.

DÉCOR

Prévoir des zestes de citron vert, du nappage neutre, des noix, des suprêmes de pamplemousse…

POUR ENVIRON 8 À 10 BABAS INDIVIDUELS, prévoir des moules à savarins ou à babas

BABA DES ÎLES

Pâte à baba

- 175 g de farine de gruau ou T45
- 35 g de lait entier
- 10 g de levure biologique de boulanger
- 15 g de sucre cristal
- 3 g de sel fin
- 125 g d'œufs entiers
- 50 g de beurre (ne pas utiliser de margarine ni de beurre végétal)
- 50 g de crème fraîche liquide à 35 % de matière grasse

Sirop exotique

- 500 g d'eau
- 200 g de sucre cristal
- 60 g de jus de citron vert
- 90 g de pulpe ou de fruit de la Passion
- 4 g de poivre Timut (½ cuillerée à café)
- ½ gousse de vanille ou 1 c. à c. d'extrait de vanille ou de poudre de vanille
- Rhum brun (facultatif) pour le sirop ou à défaut une pipette par baba

Nappage neutre au citron vert

- 500 g d'eau
- 1 zeste de citron vert
- 100 g de glucose
- 175 g de sucre cristal
- 25 g de pectine NH nappage (ou NH à défaut)
- 3 g de jus de citron ou de solution d'acide citrique (ici au jus de citron vert)

Coulis gélifié des îles

- 50 g de pulpe de mangue
- 25 g de pulpe de fruit de la Passion
- 25 g de pulpe de banane
- 25 g de masse de gélatine (voir page 26)
- 25 g de sucre cristal

Chantilly mascarpone vanille

- 200 g de crème fraîche liquide à 35 % de matière grasse
- 50 g de mascarpone
- ½ gousse de vanille, ou 1 c. à c. d'extrait de vanille ou de poudre de vanille
- 25 g de sucre cristal

PÂTE À BABA

1. Mettre la farine dans la cuve de batteur. Verser le lait et la levure.

2. Ajouter le sucre, le sel et 65 g de la masse d'œufs. Mettre le batteur à petite vitesse avec la feuille jusqu'à obtenir une boule et un réseau glutineux.

3. Ajouter le beurre « mou, texture pommade mais froid » (à la même température que la pâte).

4. Continuer le pétrissage jusqu'à ré-obtention du réseau glutineux. Arrêter le batteur et corner si nécessaire (car la quantité est faible).

5. Verser très lentement en continu les 60 g d'œufs restants (en fin filet).

6. Puis ajouter de la même manière la crème fraîche.

7. Arrêter le pétrissage (quand la pâte est « élastique ») et mettre la pâte dans une poche à douille avec une douille unie 18.

8. Pocher la pâte dans des petits moules à babas, préalablement légèrement beurrés.

9. Cuire à 180 °C au four ventilé chaleur tournante pendant environ 20 minutes.

10. Puis démouler les babas, les retourner sur les moules et continuer la cuisson environ 15 minutes. Arrêter le four, entrouvrir et laisser « sécher » environ 10 minutes.

11. Laisser refroidir les babas avant de les imbiber.

SIROP EXOTIQUE

1. Mettre tous les ingrédients ensemble dans une casserole et faire bouillir.

2. Reverser le tout dans un grand cul-de-poule.

3. Tremper les babas « bien secs » à 65 °C (et bien essorer).

4. On peut réutiliser le reste du sirop pour un punch par exemple.

NAPPAGE NEUTRE AU CITRON VERT

1. Mettre l'eau, le zeste et le glucose à chauffer dans une casserole jusqu'au premier bouillon.

2. Bien mélanger le sucre et la pectine NH nappage, puis verser en pluie dans la casserole au premier bouillon.

3. Faire bouillir le tout puis retirer du feu. Ajouter le jus de citron vert. Couler le nappage dans un grand contenant et filmer au contact. Laisser refroidir à température ambiante.

COULIS GÉLIFIÉ DES ÎLES

1. Mélanger les pulpes et en verser une petite partie sur la masse de gélatine.

2. Faire fondre la masse de gélatine au micro-ondes quelques secondes (attention que ce ne soit pas trop chaud, mais juste fondu, 5 secondes à peine suffisent ; sinon faire baisser la température avec plus de pulpe).

3. Mélanger le sucre aux pulpes et incorporer la gélatine dans les pulpes. Mélanger et mixer pour que ce soit bien lisse.

4. Filmer au contact dans un contenant et réserver au frais ou couler dans des empreintes siliconées (formes « pomponette » par exemple) et réserver au congélateur avant dressage.

CHANTILLY MASCARPONE VANILLE

1. Placer au préalable votre cuve de batteur au frais.

2. Faire monter la crème, le mascarpone, la vanille et le sucre à vitesse moyenne.

3. Mettre dans une poche à douille avec une douille cannelée PF14 par exemple. Réserver au frais avant dressage.

MONTAGE

1. Imbiber généreusement dans le sirop (ici exotique). Laisser reposer 5 minutes puis « essorer » avec vos mains.

2. Placer les babas au congélateur au moins 1 heure. Les babas doivent être bien congelés, durs.

3. Napper les babas après qu'ils ont été imbibés puis congelés pour éviter l'« absorption ».

4. Réserver au congélateur avant dressage.

5. Dresser avec le coulis gélifié au centre et la chantilly mascarpone.

DÉCOR

Prévoir des zestes de citron vert, de la noix de coco râpée ou des morceaux de noix de coco fraîche, de fruits de la Passion…

Le pep's apporté par le sirop imbibant le baba et la douceur de la chantilly à la vanille nous offrent un dessert avec une longueur en bouche intéressante et une très belle mâche. Comme quoi les opposés s'attirent. Certainement l'alliance que je préfère pâtisser.

FLEUR DE SEL SUR LA LANGUE

Le sel tel que nous le connaissons est utilisé principalement en tant qu'exhausteur d'arômes ou de goûts, même s'il a bien d'autres atouts et s'il permet par exemple aussi de conserver des aliments. Dans de nombreuses cultures, le sel est également symbole de sagesse : chez les Grecs comme chez les Hébreux ou les Arabes, ou encore dans la culture juive et en Orient, le sel est un liant, symbole d'amitié et d'hospitalité, de partage et d'union ; une « saveur indestructible » et une « alliance perpétuelle ».

Ici, nous nous intéressons à ce que va apporter le sel en pâtisserie. Notons d'ailleurs qu'on le retrouve naturellement dans beaucoup de matières premières (telles que les fruits rouges, fruits jaunes…).

Il est aujourd'hui courant d'utiliser du sel en pâtisserie, ce qui n'était pas le cas autrefois. On s'est en effet rendu compte de ses qualités organoleptiques. Je l'emploie moi-même énormément, en veillant à ne pas en abuser, car pour rappel, la consommation excessive de sel peut nuire à la santé.

Le sel nous permet d'équilibrer toutes les recettes de viennoiseries (telles que la brioche, la pâte à croissants…) et le pain. Il va jouer un rôle essentiel sur le goût, la couleur des produits et l'équilibre.

Les sensations apportées par le sel seront différentes chez chaque individu. Ainsi j'adore ajouter une pointe de fleur de sel sur certaines préparations telles qu'une salade de fruits ou un cake au caramel et piment d'Espelette… Le sel va jouer un rôle déterminant d'exhausteur de goût. Cette matière première à la fois piquante et aromatique nous amène fraîcheur en bouche et fluidité, autant de saveurs agréables et déroutantes à la fois. C'est ce qui arrive donc dans les recettes que vous verrez dans ce chapitre : le cake noix caramel à la fleur de sel, les verrines de melon…

En pâtisserie, dans les recettes de base, le sel est employé dans les pâtes (viennoiseries, biscuiterie, boulangerie…) et récemment, sur certaines finitions des gâteaux de voyages, des tartes ou même des salades de fruits. Beaucoup de chefs pâtissiers jouent de cette matière première pour apporter de nouvelles sensations dans la pâtisserie française.

On arrive ensuite sur mon espace de jeu favori : les associations de saveurs. C'est fou tout ce qu'on peut faire comme associations avec le sel. La première qui me vient à l'esprit, c'est une pêche avec de la fleur de sel dessus, et tout de suite vous « tutoyez les étoiles ».

Autre fruit que vous consommez souvent en été et auquel il est intéressant d'ajouter du sel : le melon.

Ou encore le beurre, car comme les Bretons vous le diront : « Il n'y a de vrai beurre que salé. »

C'est finalement une matière première très facile à associer. Cela demande juste un peu d'imagination et beaucoup de gourmandise.

Un bon exercice que vous pourriez effectuer à la maison : faites le test de mettre une pointe de fleur de sel sur tout ce que vous mangez. Cela va entraîner vos papilles à aller chercher de nouvelles émotions…

En pâtisserie, le sel va également faciliter la fermentation des pâtes levées (telles que la pâte à croissants, en viennoiserie). N'oublions pas que l'association du sel avec la levure de boulanger a un rôle essentiel : le sel a des propriétés « hygroscopiques », c'est-à-dire qu'il « pompe » l'eau de la levure. D'où l'importance de ne jamais mélanger les deux lors de la pesée des ingrédients, pour éviter que ça n'agisse avant et que ça « brûle » la levure.

Une des autres grandes vertus du sel est de cuire certains aliments. On s'en sert souvent dans la préparation du jambon ou du poisson cru par exemple.

Il va aussi nous aider à ralentir l'oxydation quand celle-ci est accompagnée d'une acidité (citron ou vinaigre…).

Et si on parlait d'une autre de ses vertus quotidiennes ? Le sel est de plus en plus utilisé pour le ménage ! Considéré comme une « astuce de grands-mères », le sel fait disparaître les taches de gras, d'humidité, ou encore le calcaire, nettoie les vitres, redonne de l'éclat à l'argenterie… souvent combiné avec du vinaigre ou du jus de citron (tiens, le sel et l'acidité s'associent bien ?).

Mes proches me précisent que la vertu numéro 1 du sel est d'enlever les taches de vin sur nos pantalons en soirée ; merci à eux, eh oui, ça marche très bien !

POUR UN GRAND CAKE DE 8 À 10 PERSONNES prévoir un grand moule à cake de 20 cm de longueur ou **POUR 10 PETITS CAKES INDIVIDUELS** des moules de 9 cm x 4 cm.

CAKE NOIX CARAMEL À LA FLEUR DE SEL

Caramel aux noix

- 90 g de sucre cristal
- 22,5 g d'eau (¼ du poids du sucre)
- 40 g de miel
- 40 g de crème fraîche liquide à 35 % de matière grasse
- QS de piment d'Espelette en poudre (facultatif)
- 20 g de beurre (ne pas utiliser de margarine ni de beurre végétal)
- 60 g de noix de pécan ou du Périgord

Cake aux noix

- 150 g de beurre texture pommade (ne pas utiliser de margarine ni de beurre végétal)
- 150 g de sucre cristal
- 110 g de noix du Périgord en poudre
- QS de piment d'Espelette en poudre (facultatif)
- 120 g de farine T45
- 5 g de levure chimique
- 110 g d'œufs entiers
- QS de caramel aux noix

CARAMEL AUX NOIX

1. Mettre le sucre et l'eau dans une petite casserole et laisser s'hydrater.

2. Faire fondre un peu le miel si nécessaire (s'il est cristallisé).

3. Chauffer la crème fraîche à petit feu (en ajoutant éventuellement le piment d'Espelette).

4. Faire bouillir le sucre et l'eau. Lorsque ça bout bien, ajouter le miel.

5. Cuire le sucre et le miel à 150 °C (jusqu'à la caramélisation voulue). Utiliser un thermomètre à sucre ou un thermomètre confiseur.

6. Décuire avec la crème fraîche et bien faire fondre tout le sucre.

7. Stopper la cuisson avec le beurre hors du feu. Ajouter les noix légèrement concassées et bien mélanger.

8. Réserver dans la casserole. Attention, il faut que le caramel soit toujours chaud et liquide pour l'insérer dans le cake (à mi-cuisson du cake).

CAKE AUX NOIX

1. Mettre le beurre pommade, le sucre, la poudre de noix, le piment d'Espelette (facultatif), la farine et la levure dans la cuve de batteur et bien mélanger à petite vitesse au fouet.

2. Une fois que c'est bien mélangé, ajouter les œufs et terminer le mélange.

3. Mettre l'appareil dans une poche à douille pour faciliter le garnissage de votre ou vos moule(s) préalablement beurré(s) (garnir au maximum aux trois quarts).

4. Enfourner à 170 °C au four ventilé chaleur tournante pendant 7 minutes environ pour les cakes individuels, et plutôt 10-12 minutes pour un grand cake classique.

5. Sortir les cakes (pas encore tout à fait cuits) et intégrer le caramel aux noix au cœur du cake (ou des cakes) à l'aide d'une cuillère à soupe.

6. Finir la cuisson au four (pendant environ 7 à 10 minutes, selon votre four et votre ou vos moule(s)).

7. Plonger un couteau dans le cake (côté biscuit, pas dans le caramel) pour tester la cuisson : le couteau doit ressortir sans appareil.

8. Démouler idéalement lorsque c'est refroidi ; prévoir un décor avec des noix de pécan, un peu de caramel aux noix…

“

Donnons le premier rôle au sel. Modifions le goût sans dénaturer la douceur du cake aux noix. Et le piment d’Espelette est là pour accentuer le travail du sel. C’est juste une « dinguerie » !

POUR UNE DIZAINE DE FINGERS INDIVIDUELS, prévoir un moule en Inox type cadre de 18 x 18 cm

FINGERS CACAHUÈTES

Caramel beurre salé aux cacahuètes
- 75 g de beurre (ne pas utiliser de margarine ni de beurre végétal)
- QS de sel fin
- 275 g de crème fraîche liquide à 35 % de matière grasse
- 175 g de sucre cristal
- 15 g de masse de gélatine (voir page 26)
- 50 g de cacahuètes salées légèrement concassées

Biscuit « diamant » (sablé façon streusel)
- 210 g de beurre (ne pas utiliser de margarine ni de beurre végétal)
- 85 g de sucre glace
- 235 g de farine T45 ou T55
- 2 g de fleur de sel de Guérande
- 1 gousse de vanille de Madagascar
- 20 g de jaunes d'œufs
- 2 g d'extrait de vanille

Glaçage fingers cacahuètes
- 200 g de couverture chocolat au lait à 43 %
- 50 g d'huile de pépins de raisin (ou huile de tournesol, de noix ou d'arachide)
- 100 g de cacahuètes salées, noisettes torréfiées ou amandes

Ganache montée chocolat au lait (idéalement à préparer 24 heures à l'avance)
- 300 g de crème fraîche liquide à 35 % de matière grasse
- 150 g de pistoles de couverture chocolat au lait à 41 %

CARAMEL BEURRE SALÉ AUX CACAHUÈTES

1. Enrober le beurre avec du sel fin.

2. Faire chauffer la crème fraîche au micro-ondes (jusqu'à atteindre 50 °C à 70 °C maximum).

3. Commencer la cuisson du sucre « à sec » dans une casserole assez grande (verser le sucre par étape, petit à petit) : mettre une petite partie de sucre étalée sur le fond de la casserole ; une fois que celle-ci est fondue, ajouter la même quantité de sucre et continuer de cette manière jusqu'à la fin.

4. Une fois que tous les grains de sucre sont fondus, verser la crème fraîche dans le sucre assez rapidement et fouetter.

5. Cuire le caramel à 105 °C (utiliser un thermomètre à sucre ou un thermomètre confiseur).

6. Retirer du feu et ajouter le beurre salé pour stopper la cuisson et bien mélanger.

7. Pour une consistance plus ferme, incorporer la masse de gélatine.

8. Ajouter les cacahuètes concassées et bien mélanger.

9. Réserver dans un contenant filmé au contact.

BISCUIT « DIAMANT » (SABLÉ FAÇON STREUSEL)

1. Mettre tous les ingrédients (sauf les jaunes d'œufs et l'extrait de vanille) dans une cuve de batteur. Gratter également la gousse de vanille dans la cuve. Faire un sablage à l'aide de la feuille à vitesse lente (environ 5 minutes).

2. Dans un bol, mélanger les jaunes avec l'extrait de vanille. Ajouter ces œufs dans la cuve de batteur une fois que le sablage est prêt. Bien mélanger.

3. Mettre la pâte sur un papier film et le recouvrir de film au contact. Rouler pour étaler un peu (avec un rouleau pâtissier) à environ 8 mm d'épaisseur puis réserver à plat au congélateur.

4. Au bout de 5 minutes, emporte-piécer avec votre ou vos moule(s) en Inox préalablement beurré(s). Mettre sur la plaque (avec une feuille de four).

5. S'il reste de la pâte, faire un gros boudin de pâte pour cuire plus tard des biscuits diamants par exemple. Réserver au congélateur.

6. Cuire le biscuit pour les fingers à 150 °C au four ventilé chaleur tournante entre 20 et 30 minutes suivant les fours.

1

2

4

7. Réserver le biscuit encore dans son ou ses moule(s) au congélateur pour qu'il refroidisse bien.

8. Couler le caramel beurre salé chaud dans le cerclage sur le biscuit froid. Étaler un peu à l'aide d'une cuillère ou d'une palette (et tapoter si nécessaire pour égaliser).

9. Réserver 1 heure au congélateur pour que cela prenne.

10. Démouler à l'aide d'un chalumeau ou d'un couteau.

Si vous avez utilisé un grand carré Inox, couper à l'aide d'un couteau-scie des fingers d'environ 3 x 10 cm.

10

Attention, très addictif !
En une bouchée, faisons éclater
le contraste entre le caramel beurre
salé et les cacahuètes.

GLAÇAGE FINGERS CACAHUÈTES

1. Faire fondre la couverture chocolat au lait au micro-ondes.

2. Verser l'huile et bien mélanger (ici dans un pichet type Pyrex).

3. Ajouter des cacahuètes hachées (ou autres fruits secs) et bien mélanger.

4. Glacer vos fingers congelés avec un glaçage entre 30 °C et 33 °C (donc réchauffer le glaçage si nécessaire).

5. Réserver au congélateur.

1

4

GANACHE MONTÉE CHOCOLAT AU LAIT

1. Faire chauffer la crème fraîche et la verser à 70 °C sur les pistoles de chocolat au lait.

2. Mixer l'appareil et le mettre dans un récipient, filmé au contact, au frais, idéalement pendant 24 heures.

3. Monter la ganache, juste avant le pochage au batteur, dans une cuve bien froide avec le fouet.

4. Pocher sur les fingers préalablement glacés (ici avec douille cannelée PF14).

5. Décorer si vous le souhaitez avec des feuilles d'or ou des cacahuètes.

6. Réserver au frais avant dégustation.

4

POUR 6 VERRINES

VERRINES DE MELON

Chantilly vanille non sucrée à la fleur de sel

- 300 g de crème fraîche liquide
- ½ gousse de vanille de Madagascar ou 8 g d'extrait de vanille ou de poudre de vanille
- 1 g de fleur de sel de Guérande

Sirop d'épices

- 200 g d'eau
- 230 g de sucre cristal
- 1 gousse de vanille de Madagascar
- 30 g de miel
- 1 bâton de cannelle
- 1 clou de girofle
- 1 g de poivre de Sichuan (entier)
- 3 graines de cardamome

Montage

- 1 melon charentais bien mûr
- 1 citron jaune
- Quelques feuilles de menthe fraîches

CHANTILLY VANILLE NON SUCRÉE À LA FLEUR DE SEL

1. Placer votre cuve de batteur au frais.

2. Faire monter la crème, la vanille et le sel à vitesse moyenne.

3. Réserver au frais.

SIROP D'ÉPICES

1. Mettre l'eau, le sucre, la vanille préalablement grattée et le miel dans une casserole. Faire bouillir.

2. Ajouter la cannelle, le clou de girofle, le poivre et la cardamome hors du feu.

3. Filmer la casserole à l'aide d'un film alimentaire et laisser infuser jusqu'au refroidissement complet.

4. Filtrer ou chinoiser le sirop pour enlever tous les morceaux.

5. Réserver à température ambiante.

Juste une « tuerie » ! Le sel et les épices jouent un rôle important et déstabilisant à chaque bouchée. Un ascenseur émotionnel où le melon et les épices créent un « yoyo » permanent entre rondeur et coup de fouet.

MONTAGE

1. Mettre 6 à 8 billes de melon par verrine.

2. Couler le sirop d'épices jusqu'au niveau des billes.

3. Pocher la chantilly (ici avec une poche à douille et une douille cannelée PF18).

4. Ajouter quelques zestes de citron jaune et de la menthe ciselée.

1

POUR 2 PERSONNES

SOUPE DE FRUITS ÉPICÉE

- 2 oranges
- 2 pêches bien mûres
- 6 cerises
- 1 grenade
- 2 belles tomates rouges de Marmande
- 200 g de sucre cristal
- 200 g de vin blanc (pessac-léognan par exemple) – ou version sans alcool : 100 g d'eau et 100 g de purée de fruits, idéalement purée de pêches
- 60 g de miel
- 2 g de piment d'Espelette séché émincé (ou en poudre)
- 10 petites feuilles de basilic frais
- 2 g de fleur de sel de Guérande

1. Laver les fruits.

2. Zester les oranges.

3. Couper en quartiers ou en petits cubes les tomates et les pêches. Couper les cerises en deux (et enlever le noyau).

4. Dégrainer la grenade.

5. Lever les suprêmes d'oranges.

6. Dans une casserole, mettre le sucre, le vin blanc et le miel. Porter à ébullition.

7. Ajouter le piment d'Espelette et le basilic finement ciselé. Filmer la casserole à l'aide d'un film alimentaire, hors du feu. Laisser infuser 10 minutes.

8. Disposer tous les fruits dans le fond d'un saladier ou d'une assiette creuse.

9. Arroser avec le sirop de vin blanc.

10. Ajouter la fleur de sel de Guérande juste avant la dégustation comme si vous assaisonniez le plat (il est important que celle-ci ne fonde pas).

Continuons à déstabiliser notre palais avec le vin, les épices, des fruits croquants et gourmands. Et le sel restera le vainqueur de cette partie, avec un goût de « reviens-y ».

DE L'AMERTUME EN BOUQUET DANS LE PALAIS

L'Amertume « avec un grand A » fait partie de la famille des cinq saveurs. L'expression « avoir un goût amer » face à une situation triste, un sentiment de rancœur ou d'humiliation est bien connue. Toutes les impressions associées à l'amertume sont négatives. Je sais, dit comme ça, ça ne fait pas rêver. On retrouve fréquemment cette amertume en goûtant des fruits peu mûrs, tels que la pomme, les framboises, les mûres, les prunes… un goût qui « tire » vers l'astringent.

Toutefois, il est possible de travailler avec l'amertume. Cela fait parfois du bien de déstabiliser le palais. On dit souvent « qu'après la pluie, vient le beau temps ». C'est cette même sensation que me procure l'amertume. Aller chercher « l'agréable dans le désagréable » (notons qu'il n'en va pas de même avec le café ou la bière, que nous trouvons pour la plupart d'entre nous d'emblée agréables ; comme quoi, l'amertume est une véritable saveur dont certains ne pourraient pas se passer).

Pour comprendre les sensations que procure l'amertume, je vais vous demander de faire une expérience (que vous avez peut-être déjà faite à la maison) : croquez dans une pomme pas mûre (mais un conseil, n'avalez pas). Ou même dans une peau d'orange ou d'un autre agrume. Ce n'est pas pour rien qu'on ajoute du sucre sur nos moitiés de pomelos au petit déjeuner…

L'amertume reste cependant indispensable dans nos plats pour contraster différentes saveurs. Je vais prendre l'exemple d'une recette que je vous présente dans ce livre : le « chou façon tropézienne eurasienne ». Dans cette recette, je vous demande de pousser la cuisson du caramel pour « sentir une juste amertume ». Et en plus de ça, j'ajoute des zestes d'orange qui amplifient le goût « amer ». Et c'est cela le plus intéressant avec cette saveur : c'est qu'elle nous permet de dépasser l'imaginaire. Les traditionnelles recettes qu'on cherche habituellement à arrondir sont aussi fascinantes à travailler avec des pointes d'amertume.

Souvenir d'enfance (ou pas, car ça peut toujours nous arriver), lorsque votre maman cuisait un peu trop les échalotes ou les oignons sur la poêle, l'amertume ressortait (maman, je t'aime, continue à nous faire des bons petits plats s'il te plaît, ne tiens pas compte de cette phrase si un jour tu la lis).

Mais parfois, on ne veut pas du tout du goût amer et il s'agit alors de le camoufler au maximum. Pour cela, il existe quelques astuces en pâtisserie. Par exemple, toujours associer l'amer avec son contraire, la douceur. Ici le sucre entre en jeu. La matière grasse fonctionne bien aussi, comme une bonne chantilly où vous mettez un peu de mascarpone et « ça change tout ».

Je vous ai présenté cette saveur comme le « vilain petit canard », mais si je regarde bien, ma pâtisserie en règle générale en contient partout. D'ailleurs, même sur une pâtisserie qui n'a rien à voir avec le goût amer, vous retrouverez souvent dans mes décors des zestes de citron vert ou même de combava. Je suis un grand fan d'agrumes et ce côté amer me permet de créer de beaux contrastes. Ce que j'aime le plus, c'est chambouler et exciter les papilles. Donc quoi de mieux que l'amertume pour y arriver ? Et je ne voudrais pas que vous en gardiez un goût amer. Alors faites comme moi, testez les recettes suivantes et soyez déstabilisés, transportés… Et enfin, appréciez la différence.

POUR ENVIRON 16 TROPÉZIENNES INDIVIDUELLES ET 2 GRANDES BRIOCHES COURONNES

CHOUX FAÇON TROPÉZIENNE EURASIENNE

Pâte à brioches
- 250 g de farine T55 (ou farine forte)
- 250 g de farine de gruau (ou T55 ou farine forte)
- 10 g de sel fin
- 75 g de lait entier
- Zestes d'orange (facultatif)
- 125 g de sucre cristal
- 15 g de levure de boulanger
- 250 g d'œufs entiers
- 250 g de beurre (ne pas utiliser de margarine ni de beurre végétal)
- 2,5 g d'extrait naturel d'orange, d'arôme d'orange ou à défaut d'extrait de vanille (facultatif)

Compotée de pommes agrumée (façon tatin)
- 280 g de pommes goldens
- 50 g de beurre (ne pas utiliser de margarine ni de beurre végétal)
- 1 zeste de citron jaune
- 1 zeste d'orange
- QS de gingembre déshydraté en petits cubes
- 1 gousse de vanille de Madagascar (ou extrait ou poudre)
- QS de cannelle en poudre (facultatif)
- 50 g de noix légèrement concassées (du Périgord, de pécan ou de cajou)
- 100 g de sucre cristal + 20 g
- 7 g de pectine jaune (ou à défaut pectine NH)
- QS de fleur de sel de Guérande

Crème Nicolate vanille
- 250 g de lait entier
- 60 g de sucre cristal
- ½ gousse de vanille ou 1 c. à c. de poudre ou d'extrait
- 60 g de jaunes d'œufs
- 20 g de poudre à crème (ou fleur de maïs)
- 10 g de masse de gélatine (voir page 26)
- 65 g de beurre (ne pas utiliser de margarine ni de beurre végétal)
- 150 g de crème fraîche montée à 35 % de matière grasse

Dorure
- 2 œufs entiers
- Une pincée de sel

PÂTE À BRIOCHES

Partie 1 (pétrissage, rabat...)

1. Mettre les farines, le sel, le lait froid, les zestes, la moitié du sucre et la levure dans la cuve de batteur. Pétrir avec le crochet à petite vitesse pendant 2 minutes. Cette opération peut-être faite à la main. Déposer les ingrédients dans un cul-de-poule et pétrir.

2. Ajouter 190 g d'œufs et continuer à pétrir jusqu'à ce que la pâte soit ferme.

3. Pétrir à vitesse moyenne jusqu'à obtenir une boule avec un réseau glutineux.

4. Ajouter l'autre moitié du sucre et intégrer le beurre à température ambiante (de la même texture que la pâte). Continuer de pétrir à vitesse moyenne jusqu'à décollement de la boule et réseau glutineux (suivant les batteurs, cette opération peut durer de 15 à 30 minutes environ). Attention de ne pas dépasser les 26 °C.

5. Ajouter les 60 g d'œufs restants (avec éventuellement l'extrait naturel d'orange) lentement pour ne pas casser le réseau glutineux.

6. Laisser pointer la pâte sur le plan de travail fariné (sous un torchon, environ 30 minutes à 1 h 30 suivant la température ambiante).

7. Rabattre la pâte et dégazer en appuyant dessus avec vos mains. Réserver la boule au frais dans un cul-de-poule fariné (filmer au contact ou mettre un torchon). Laisser reposer entre 2 heures et 24 heures.

Partie 2 (façonnage, boulage...)

1. Peser des boules de pâte à brioches (environ 30 g pour les briochettes de tropéziennes individuelles). Bouler. Pour une grande tropézienne, l'étaler et emporte-piécer dans un cerclage entre 100 et 150 g de pâte.

2. Dorer les boules de brioches (préparer votre dorure avec 2 œufs entiers et une pincée de sel).

3. Faire pousser les pâtes en étuve (si vous ne possédez pas le matériel, voici une technique maison : placer une casserole d'eau chaude dans le four éteint, à une température entre 24 °C et 26 °C), environ 1 h 30 à 2 heures.

4. S'il vous reste de la pâte, vous pouvez faire des brioches tressées ou en couronne.

Partie 3 (finitions et cuisson)

1. Lorsque les brioches ont poussé, repasser un coup de dorure.

2. Une fois que le four et les plaques sont chauds, cuire les brioches à 180 °C au four ventilé chaleur tournante pendant environ 12 minutes (à surveiller).

3. Laisser refroidir les brioches.

4. Couper aux deux tiers et creuser partiellement les brioches. Emporte-piécer les chapeaux.

5. Garnir les brioches avec de la compotée de pommes puis pocher la crème Nicolate (voir page 91) (ici à l'aide d'une poche à douille avec une douille unie 10).

6. Décorer par exemple avec des zestes d'orange.

À la base, la compotée était une erreur de cuisson ! Puis, je me suis rendu compte que la remontée de l'amertume provoquée par le caramel « trop cuit » se marie à merveille avec les zestes d'orange. Et on y revient avec le plus grand des plaisirs.

COMPOTÉE DE POMMES AGRUMÉE (FAÇON TATIN)

1. Éplucher les pommes puis les découper en dés.

2. Mettre les pommes, le beurre, les zestes de citron et d'orange, le gingembre, la vanille et la cannelle dans une casserole.

3. Cuire à feu moyen pendant 10 minutes environ, jusqu'à ce que les pommes soient légèrement tendres et commencent à caraméliser. Ajouter les noix.

4. Dans une autre casserole, cuire les 120 g de sucre à sec pour faire un caramel « prononcé » (jusqu'à la couleur souhaitée, ici prononcée afin de sentir une juste amertume). Ajouter la compotée de pommes pour stopper la cuisson du caramel. Bien mélanger.

5. Mélanger les 20 g de sucre restants avec la pectine.

6. Ajouter ce sucre pectiné à la compotée de pommes caramélisées, d'un coup, hors du feu. Bien mélanger.

7. Remettre sur le feu et au premier bouillon, stopper la cuisson.

8. Verser dans un plat, parsemer de fleur de sel de Guérande (comme pour assaisonner une viande) et réserver au frais.

9. Lorsque cela est bien refroidi, garnir les brioches (une cuillerée à soupe environ au fond de chaque briochette).

CRÈME NICOLATE VANILLE

1. Faire bouillir le lait et la moitié du sucre ainsi que la vanille dans une casserole.

2. Dans un cul-de-poule, mettre les jaunes d'œufs, la deuxième partie du sucre et la poudre à crème ; blanchir.

3. Une fois que le lait bout, verser un tiers de lait dans le cul-de-poule pour le prémélange. Reverser ce prémélange dans la casserole pour cuire la crème.

4. Cuire 20 secondes par litre de lait ; fouetter énergiquement.

5. Ajouter la masse de gélatine et le beurre hors du feu pour stopper la cuisson.

6. Coucher entre deux films alimentaires (bien « fin ») et mettre au frigo.

7. Monter la crème fraîche très ferme dans une cuve de batteur bien froide (pour faire une chantilly).

8. Détendre la crème pâtissière au batteur à l'aide du fouet.

9. Faire un prémélange : incorporer la moitié de la chantilly à la crème pâtissière préalablement détendue (après repos et avant utilisation seulement). Ajouter la dernière partie de la chantilly et bien mélanger avec un fouet à la main.

10. Mettre dans une poche à douille avec une douille unie 10 puis pocher sur les brioches, sur la compotée de pommes.

DÉCOR

Prévoir des zestes d'orange ou des zestes de citron.

POUR UNE GRANDE TARTE DE 6 À 8 PERSONNES avec un cercle de 18 à 20 cm de diamètre et 2 cm de hauteur ou **POUR 8 TARTELETTES** avec 8 moules individuels de 8 cm de diamètre ; prévoir un autre cerclage en Inox de 2 cm de moins donc 16 à 18 cm par exemple pour une grande tarte, et cerclages de 6 cm pour les individuelles

TARTE POMMES AMANDES

Pâte sucrée aux amandes

- 130 g de beurre (ne pas utiliser de margarine ni de beurre végétal)
- 82 g de sucre cristal
- 1 g de sel fin
- 27 g de poudre d'amandes
- ½ gousse de vanille de Madagascar ou 1 cuillerée à café de vanille en poudre ou d'extrait de vanille
- 220 g de farine T45
- 45 g d'œufs entiers
- QS de beurre pour le cerclage

Crème d'amandes

- 100 g de beurre texture pommade (ne pas utiliser de margarine ni de beurre végétal)
- 100 g de poudre d'amandes
- 100 g de sucre cristal
- 100 g d'œufs entiers
- 1 zeste de citron jaune

Pommes poêlées

- 2 pommes vertes granny-smith
- 1 jus de citron jaune
- 1 noix de beurre
- 1 zeste de citron vert

Gelée de pommes

- 200 g de purée de pommes granny-smith
- 50 g de sucre cristal
- 50 g de masse de gélatine (voir page 26)
- 100 g de pommes poêlées

Chantilly pamplemousse

- 50 g de jus de pamplemousse
- 300 g de crème fraîche liquide à 35 % de matière grasse
- 1 zeste de pamplemousse

Décor

- QS de nappage neutre
- Zestes de pamplemousse (ou d'orange ou de citron vert)
- Découpe de pomme granny-smith
- Suprêmes de pamplemousse

PÂTE SUCRÉE AUX AMANDES

1. Mettre tous les extraits secs et le beurre froid dans le batteur avec une feuille.

2. Faire sabler. Une fois que c'est bien sablé, au bout de 10 voire 15 minutes, ajouter les œufs. Mélanger à peine et réserver dans un papier film alimentaire au réfrigérateur.

3. Beurrer le cerclage en Inox.

4. Travailler la pâte bien froide et étaler à 2,5 mm environ (2 mm pour les tartelettes).

5. Foncer le cerclage.

6. Précuire le(s) fond(s) de tarte(s) sur une feuille de four ou une feuille Silpain à 160 °C au four ventilé chaleur tournante pendant environ 10 minutes.

7. Retirer le(s) fond(s) de tarte(s) précuit(s) et ajouter la crème d'amandes.

3

4

4

5

CRÈME D'AMANDES

1. Travailler le beurre en texture « pommade presque fondu » à l'aide d'une spatule et du micro-ondes.

2. Mettre tous les ingrédients dans une cuve de batteur et mélanger à l'aide de la feuille 15 à 20 secondes puis arrêter.

3. Une fois que le(s) fond(s) de tarte(s) sont précuit(s), garnir ce(s) fond(s) avec la crème d'amandes (aux trois quarts des fonds) à l'aide d'une cuillère à soupe.

4. Continuer la cuisson de(s) fond(s) de tarte(s) entre 10 et 12 minutes à 160 °C au four ventilé chaleur tournante.

5. Réserver au congélateur avant d'ajouter la gelée de pommes.

POMMES POÊLÉES

1. Peler les pommes puis les couper en petits cubes.

2. Verser le jus de citron et bien mélanger pour éviter l'oxydation.

3. Cuire à la poêle 2 minutes maximum avec le beurre.

4. Ajouter le zeste de citron hors du feu et bien mélanger.

5. Passer les pommes au chinois pour bien enlever le jus et le « gras ».

6. Réserver au frais avant de les ajouter à la gelée de pommes.

1

2

3

La pomme verte et le pamplemousse sont associés avec du sucre, de la chantilly et du citron, pour créer de la douceur « en veux-tu en voilà » dans l'amertume.

1

GELÉE DE POMMES

1. Faire fondre la purée de pommes au micro-ondes.

2. Une fois que c'est fondu, ajouter le sucre.

3. Mélanger le tiers de cette préparation à la masse de gélatine et mettre au micro-ondes quelques secondes.

4. Reverser ce mélange dans la masse totale. Bien mélanger.

5. Ajouter les pommes poêlées.

6. Placer le cerclage en Inox (ici de 2 cm de moins que celui dans lequel vous avez cuit le(s) fond(s) de tarte(s)) sur la crème d'amandes froide en l'enfonçant légèrement pour créer une étanchéité.

4

5

6

7. Couler la gelée dans le cerclage en Inox (entre 1 et 1,5 cm d'épaisseur).

8. Étaler à l'aide d'une cuillère ou d'une petite palette coudée.

9. Réserver au froid avant de napper.

7

8

CHANTILLY PAMPLEMOUSSE

Mettre le jus, la crème et le zeste dans une cuve de batteur au réfrigérateur pendant 2 heures. Faire monter cette chantilly « bien ferme » à l'aide du fouet à vitesse moyenne. Pocher tout de suite.

DÉCOR

1. Napper la gelée de pommes avec du nappage neutre à l'aide d'un pinceau.

2. Pocher de la chantilly pamplemousse en petites boules à l'aide d'une poche à douille avec plusieurs tailles de douilles unies.

3. Zester un peu de pamplemousse sur la chantilly.

4. Faire une découpe très fine d'une moitié de pomme (citronnée) pour le décor. Ajouter également des suprêmes de pamplemousse.

2

3

4

POUR ENVIRON 6 À 8 CHAUSSONS suivant la taille, de 10 à 12 cm de diamètre

CHAUSSONS AMANDES NOISETTES BERGAMOTE

Pâte feuilletée
- 125 g d'eau
- 6 g de sel fin
- 37 g de beurre fondu (ne pas utiliser de margarine ni de beurre végétal)
- 250 g de farine T45
- 190 g de beurre de tourage
- Prévoir du sirop à 30 °B (100 g d'eau pour 130 g de sucre cristal que vous faites bouillir ensemble, avant de réserver au frais)

Dorure
- 2 œufs entiers
- 1 pincée de sel

Crème d'amandes noisettes à la bergamote
- 50 g d'amandes entières (brutes et torréfiées)
- 50 g de noisettes entières émondées (légèrement concassées et torréfiées)
- 100 g de beurre (ne pas utiliser de margarine ni de beurre végétal)
- 100 g de sucre cristal
- 100 g d'œufs entiers
- 5 g de poudre à crème ou de fleur de maïs
- QS de piment d'Espelette (facultatif)
- 50 g de jus de bergamote (ou à défaut de citron vert)
- 1 zeste de bergamote (ou à défaut de citron vert)

PÂTE FEUILLETÉE

1. Mettre l'eau dans une cuve de batteur avec le sel pour que celui-ci fonde.

2. Faire fondre le beurre au micro-ondes sans le chauffer.

3. Verser le beurre fondu dans la cuve.

4. Ajouter la farine et bien mélanger au batteur à la feuille, à petite vitesse pendant environ 30 secondes.

5. À l'aide d'un rouleau, préformer la pâte de façon rectangulaire (assez fine). Filmer et réserver au frais (au congélateur pendant environ 30 minutes ou au réfrigérateur pendant environ 2 heures).

6. Taper les 190 g de beurre de tourage et les préformer aux deux tiers du pâton de feuilletage.

7. Placer le beurre au centre de la pâte (attention, « beurre dur, pâte dure »).

8. Commencer le tourage (un tour double et un tour simple dit « portefeuille » soit plier la pâte en 3).

9. Laisser reposer à 4 °C pendant 30 minutes avant de finir le tourage.

10. Refaire un tour double et un tour simple après le repos.

11. Pré-abaisser le pâton. Réserver au frais.

CHAUSSONS

1. Abaisser à environ 3-4 mm pour le départ. Détailler avec un emporte-pièce de 12 cm et remettre au frais 30 minutes (ou au congélateur quelques minutes).

2. Abaisser au rouleau les deux extrémités pour avoir des pièces ovales (environ 2,5 mm d'épaisseur) pour un diamètre de 16 cm environ.

3. Mouiller au pinceau la moitié des extrémités et placer la crème d'amandes noisettes à la bergamote (voir recette page 110). Placer une boule d'environ 3 cm de diamètre au centre de chaque chausson.

4

4

4

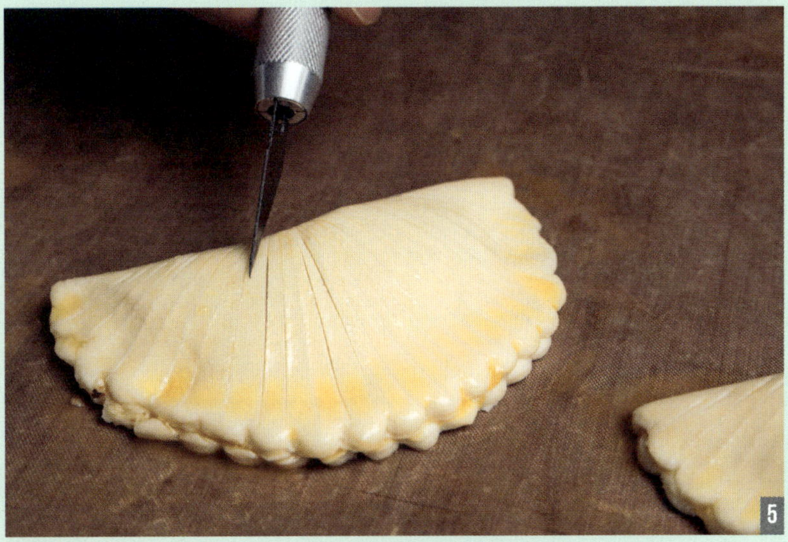

SUITE... CHAUSSONS

4. Fermer les chaussons avec une légère pression du bout des doigts. Retourner les chaussons sur une plaque et dorer à l'aide d'un pinceau .

5. Laisser sécher. Remettre un coup de dorure. À l'aide d'un petit couteau (ou d'une lame de rasoir), faire les dessins de décor. Réserver éventuellement au congélateur.

6. Cuire à 180 °C pendant environ 30 à 40 minutes au four ventilé chaleur tournante.

7. Badigeonner à chaud avec du sirop à 30 °B à l'aide d'un pinceau.

5

7

CRÈME D'AMANDES NOISETTES À LA BERGAMOTE

1. Faire torréfier les fruits secs (amandes, noisettes) pendant 10 minutes à 180 °C au four ventilé chaleur tournante. Puis les broyer lorsqu'ils sont froids jusqu'à la granulométrie voulue (ou à défaut, directement utiliser des poudres).

2. Travailler le beurre pour obtenir une texture « pommade dure » dans une cuve de batteur.

3. Ajouter le sucre, les œufs, la poudre à crème, la poudre d'amandes noisettes et le piment d'Espelette (facultatif). Bien foisonner au batteur à vitesse moyenne à l'aide du fouet (environ 2 minutes, pour que cela monte bien).

4. Ajouter le jus de bergamote et le zeste. Mélanger rapidement.

5. Mettre la crème dans une poche à douille avec une douille unie 12 pour le dressage.

3

Une très bonne viennoiserie où se mêlent croustillant du feuilletage, punch de la bergamote et gourmandise de la crème d'amandes noisettes.

POUR ENVIRON 15 CREAM'LÉS, prévoir des moules à cannelés en cuivre (petits, moyens ou grands).

CREAM'LÉS IRISH COFFEE

Appareil à cannelés – appareil à faire 24 heures avant cuisson

- 750 g de lait entier à température ambiante + 250 g
- 1 gousse de vanille de Madagascar ou 1 c. à c. de vanille en poudre ou d'extrait de vanille
- 50 g de beurre (ne pas utiliser de margarine ni de beurre végétal) + QS pour les moules (beurre de graissage, ou beurre à cannelés ou beurre clarifié à défaut)
- 200 g de farine T45
- 50 g de fleur de maïs
- 500 g de sucre cristal
- 100 g d'œufs entiers
- 120 g de jaunes d'œufs
- 100 g de rhum brun

Crémeux chocolat au lait café

- 40 g de grains de café
- 100 g de crème fraîche liquide à 35 % de matière grasse + 80 g
- 100 g de lait entier
- 20 g de sucre cristal
- 40 g de jaunes d'œufs
- 115 g de couverture chocolat au lait à 38 %
- 15 g de masse de gélatine (voir page 26)
- 5 g d'extrait de café

Chantilly mascarpone vanille Baileys

- 200 g de crème fraîche liquide à 35 % de matière grasse
- 50 g de mascarpone
- 20 g de sucre cristal
- 2 g d'extrait de café
- 1 gousse de vanille de Tahiti
- 20 g d'alcool Baileys Irish Cream de crème de café

APPAREIL À CANNELÉS

1. Faire chauffer les 750 g de lait avec la vanille dans une casserole.

2. Au premier bouillon, sortir du feu et ajouter le beurre.

3. Verser les 250 g de lait froid une fois que le beurre est bien fondu.

4. Mettre la farine, la fleur de maïs et le sucre dans un cul-de-poule suffisamment grand. Bien mélanger et faire un puits.

5. Mettre les œufs et jaunes d'œufs dans le puits. Ajouter un peu du mélange de lait et bien fouetter. Continuer à verser le lait puis le rhum et bien mélanger.

6. Filmer au contact et réserver au frais pendant 24 heures.

COP SAN NICOLAS
5

Créativité et caractère. Imaginez-vous dans un vieux pub irlandais, et vous comprendrez l'alliance du whisky et du café. Un café très fort, limite « brûlé », pour un bon shoot de plaisir dans un cannelé revisité.

Au préalable : bien « culotter » les moules s'ils sont neufs. Idéalement, utiliser du beurre à cannelés. Beurrer généreusement les moules à l'aide d'un pinceau. Cuire les moules vides pendant au moins 1 h 30 à 180 °C.

SUITE… APPAREIL À CANNELÉS

7. Beurrer les moules (idéalement avec un beurre de graissage ou du « beurre à cannelés » à base de cire d'abeille) puis garnir. Cuire à 180 °C entre 50 minutes et 1 heure (suivant le moule) avec les moules garnis « pas tout à fait jusqu'en haut ». Les cannelés doivent avoir une couleur marron et une coque croustillante.

8. Si vous n'avez pas de beurre à cannelés, vous pouvez à défaut utiliser du beurre clarifié : mettre une plaquette de beurre dans une casserole. Faire fondre lentement (sans bouillir) jusqu'à ce que le petit-lait descende dans la casserole. Stopper et laisser cristalliser. Récupérer la matière grasse et jeter le petit-lait.

9. Préparer le cannelé en « cream'lé » : quand le cannelé est bien refroidi (voire idéalement congelé), couper le chapeau bien droit avec un couteau-scie. Creuser l'intérieur sans percer le cannelé (à l'aide d'une cuillère parisienne par exemple). Vous pouvez réutiliser le cœur du cannelé en « pépites croustillantes » passées au four, enrobées de chocolat, ou en crème, en glace… Garnir le cream'lé avec le crémeux et la chantilly (voir recettes pages 118-119) et remettre le chapeau après le dressage si nécessaire.

7

7

7

7

CRÉMEUX CHOCOLAT AU LAIT CAFÉ

1. Mettre les grains de café au four à 180 °C au four ventilé chaleur tournante 5 minutes environ.

2. Verser les 100 g de crème et le lait dans une casserole. Faire chauffer et retirer avant le premier bouillon.

3. Placer les grains de café dans un pichet et concasser. Les mettre dans le mélange lait-crème chaud. Refaire bouillir. Filmer la casserole et laisser infuser 10 minutes hors du feu. Filtrer l'infusion de café pour enlever les grains, puis ajuster avec les 80 g de crème fraîche pour revenir à 200 g de masse. Remettre dans la casserole.

4. Mélanger le sucre et les jaunes d'œufs ; blanchir au fouet.

5. Faire réchauffer la crème café à feu doux.

6. Effectuer le prémélange dans les jaunes d'œufs/sucre puis reverser le tout dans la casserole. Cuire entre 82 °C et 85 °C jusqu'à voir apparaître une première coagulation : cuire la crème anglaise « à la nappe ».

7. Verser le tout sur la couverture de chocolat et la masse de gélatine. Émulsionner à l'aide d'un mixeur plongeant.

8. Ajouter l'extrait de café et bien mélanger.

9. Couler dans un plat, filmer au contact et réserver au frais plusieurs heures.

10. Garnir au fond des cream'lés jusqu'au bord à l'aide d'une poche à douille sans douille.

CHANTILLY MASCARPONE VANILLE BAILEYS

1. Placer votre cuve de batteur vide au congélateur.

2. Dans un bol, mettre la crème, le mascarpone, le sucre, l'extrait de café et la vanille grattée. Placer au frais idéalement 24 heures pour laisser infuser.

3. Faire monter ce mélange à vitesse rapide dans la cuve de batteur bien froide à l'aide du fouet.

4. Ajouter le Baileys à la fin avant de monter la chantilly bien ferme.

5. Mettre dans une poche à douille avec une douille cannelée PF14. Réserver au frais avant dressage.

6. Pocher dans les cream'lés, sur le crémeux chocolat lait café.

DÉCOR

Cacao en poudre ou café en poudre, grué de cacao ou grains de café, pipettes de Baileys (pour l'alcool, facultatif).

DU SUCRE AUTANT QU'IL VOUS PLAÎT

Le sucre est bien évidemment notre ressource principale en pâtisserie. Toutes les gourmandises tournent autour de lui. Issu de la betterave ou de la canne à sucre, il est difficile de s'en passer dans la pâtisserie traditionnelle. Toutefois, depuis une quinzaine d'années, la tendance est à la diminution du taux de sucre, qui doit rester raisonnable pour une bonne stabilité et l'équilibre des recettes.

Sans lui, la pâtisserie n'existerait pas. Et la vie serait selon moi bien fade. Vous l'avez compris, j'en suis « dingo ». Que ce soit une viennoiserie, une tarte, un entremets, une glace, ou bien plus simplement une tartine de confiture, sans lui rien ne serait possible. Il nous apporte l'équilibre, la douceur, la générosité, sans être dénué de caractère ; ce qui fait de lui une arme redoutable et très addictive.

Le sucre apparaît sous toutes ses formes en pâtisserie. On a plusieurs sucres : le saccharose que tout le monde connaît, le sirop de glucose, le sucre inverti, le miel et bien d'autres… Le saccharose est celui qui est utilisé à 80 % dans nos pâtisseries et va souvent nous servir de cristallisant. Le glucose est un anti-cristallisant, le plus souvent dans les sucres cuits comme la nougatine, la confiserie… Il nous aide aussi à épaissir des sirops par exemple. Le sucre inverti nous apporte du moelleux et nous permet de « désucrer » ; le miel sert quant à lui à donner de l'arôme, de la couleur, aide à la conservation et stabilise l'eau présente dans certaines recettes. Son fort arôme agite les papilles et procure une jolie rondeur en bouche, ce qui explique qu'il est souvent utilisé dans les biscuits ou confiseries.

Le sucre peut donner lieu à de multiples associations, permettre une multitude de combinaisons possibles. Et d'ailleurs ces combinaisons plaisent tellement que nous les retrouvons de plus en plus en cuisine (pirates !). Par exemple, dans la préparation d'un magret de canard ou d'un foie gras accompagné d'une petite sauce acidulée, sucrée-salée.

Mais revenons à la pâtisserie, avec nos souvenirs d'enfance. Une délicieuse crêpe Grand Marnier au sucre et la magie opère (ou alors, j'avoue avoir déjà tenté les crêpes au pastis avec une bouteille de mon père, irrésistibles !). Et qui n'a pas déjà grignoté des fraises trempées dans du sucre cristal, tout simplement ? Dans la région bordelaise, il est de coutume de mélanger des fraises avec du vin rouge et du sucre – oui oui, c'est un souvenir d'enfance (comme quoi amertume, acidité et sucré sont souvent indissociables).

Le sucre est également essentiel au bon fonctionnement de l'organisme. Son rôle est de fournir suffisamment d'énergie au corps. Mais il est aussi controversé ou montré du doigt lorsqu'il est consommé en trop grande quantité et qu'il entraîne surpoids, diabète, maladies cardio-vasculaires et autres complications.

Il s'agit donc de trouver un juste équilibre entre un côté agréable qui nous fait repartir en enfance et provoque beaucoup de plaisir, et la nécessité de préserver notre santé. Même si l'on peut être frustré par le manque de sucre, il est nécessaire de rééquilibrer sa consommation. J'avoue cependant que ma pâtisserie n'est pas forcément du genre « light » du point de vue sucré, mais est toujours à la recherche d'un équilibre.

Le sucre est aussi un exhausteur de goût : un exemple ? Il y en a tellement… Prenez un café sans sucre et un avec sucre. Goûtez et comparez. Alors, une différence ? Bien sûr, les amateurs de café le préfèrent sans sucre (et j'en fais partie). Alors un yaourt nature ? Quel est notre intérêt de le manger sans sucre ? Je plaisante, mais on s'est tous dit un jour « je vais tenter de le manger nature », puis au final on a ajouté une belle cuillerée à soupe de confiture (et du sucre par-dessus le marché). Justement, vous pourrez ajouter cette fameuse « confiture fraises vanille » dont je vous transmets la recette dans ce chapitre. Et je n'ose pas vous parler de mes tartines de beurre au sucre pour mon quatre-heures. Ma femme a quant à elle des souvenirs de sandwich au fromage frais au sucre (elle est bizarre, je sais).

Et en parlant de souvenir d'enfance, les Chamallows en brochettes au coin du feu en colo, vous vous en souvenez ? Profitez-en pour reproduire l'expérience (ou pas) avec vos enfants en préparant les guimauves à la vanille de ce livre.

Notons aussi que le sucre est un agent de coloration : le caramel au beurre salé ou la tarte Tatin en sont les parfaites illustrations…

N'oublions pas non plus que le sucre est un super conservateur naturel. Il est utilisé depuis très longtemps dans les conserves, les confiseries et les confitures… Voici d'ailleurs, une astuce pour conserver vos gousses de vanille : mettez-les dans un pot rempli de sucre (et en plus, ça vous fait du sucre vanillé !).

POUR ENVIRON 25 GUIMAUVES, avec un cadre en Inox de 18 x 18 cm sur environ 1,5 a 2 cm d'epaisseur

GUIMAUVES À LA VANILLE

Guimauve à la vanille

- 100 g de sucre inverti + 80 g
- 225 g de sucre cristal
- 2 gousses de vanille de Tahiti
- 90 g de masse de gélatine (voir page 26)
- 2 g d'acide citrique (ou à défaut de jus de citron)
- Sucre givre (ou sucre avec amidon)
- 70 g d'eau

Pâte de fruits abricot thym

- 15 g de sucre cristal + 160 g
- 5 g de pectine jaune
- 150 g de pulpe d'abricots
- 40 g de glucose
- 1 gousse de vanille de Madagascar ou 1 c. à c. d'extrait de vanille ou de poudre de vanille
- 1 branche fraîche de thym ou de romarin (environ 2 g)
- 2 g d'acide citrique ou vinaigre blanc ou jus de citron (ici 1 citron vert)
- QS de sucre cristal

C'est comme associer un chant de Noël avec du rock. Encore des opposés qui s'attirent ! Un nuage de tendresse qui réconforte, avec une pâte de fruits aux herbes aromatiques qui bouscule.

GUIMAUVE À LA VANILLE

1. Mettre les 100 g de sucre inverti dans une cuve de batteur.

2. Mettre le sucre cristal, les 80 g sucre inverti restants et les gousses de vanille préalablement grattées dans une casserole. Cuire à feu doux jusqu'à 114 °C (utiliser un thermomètre à sucre ou un thermomètre confiseur).

3. Verser le mélange dans la cuve de batteur qui contient le sucre inverti. Faire monter à vitesse rapide à l'aide d'un fouet.

4. Lorsque cette masse est descendue en dessous de 60 °C, ajouter la masse de gélatine préalablement fondue au micro-ondes. Foisonner grâce au fouet du batteur.

5. Lorsque la masse est à nouveau descendue en température à 40 °C, ajouter l'acide citrique et couler la guimauve très rapidement.

6. Étaler grâce à une palette coudée (ici dans un cadre en Inox de 18 x 18 cm préalablement beurré et sur une feuille fibrée ou une feuille guitare ou une feuille de four beurrée également).

7. Lorsque cela commence à peine à cristalliser, saupoudrer de sucre givre afin que la guimauve ne croûte pas.

8. Idéalement, laisser cristalliser au moins 24 heures à température ambiante avant de couper.

9. Couper à l'aide de ciseaux ou d'un grand couteau (ici en petits carrés de 3 cm environ). Si c'est difficile, tremper les ciseaux dans du sucre givre et découper la guimauve.

PÂTE DE FRUITS ABRICOT THYM

1. Mélanger dans un contenant les 15 g de sucre avec la pectine jaune.

2. Mettre la pulpe d'abricots, les 160 g de sucre restants, le glucose et la vanille (préalablement grattée) dans une casserole. Faire bouillir pendant 2 minutes et ajouter le sucre pectiné en pluie. Bien mélanger.

3. Cuire jusqu'à atteindre les 106-107 °C (utiliser un thermomètre à sucre ou un thermomètre confiseur).

4. Ajouter les herbes aromatiques coupées finement et mélanger hors du feu.

5. Verser le jus de citron (ou l'acide citrique) et bien mélanger (toujours hors du feu).

6. Couler rapidement la pâte de fruits dans un cadre préalablement beurré.

7. Réserver à température ambiante idéalement 24 heures pour que ça cristallise.

8. Dès que c'est cristallisé, saupoudrer de sucre cristal. Réserver 24 heures.

9. Découper les pâtes de fruits (ici en petits carrés d'environ 3 cm) et enrober avec du sucre cristal.

CHURROS AU CITRON VERT ET SA PÂTE À TARTINER

Churros au citron vert
- 150 g de lait entier
- 1 zeste de citron vert
- 60 g de beurre (ne pas utiliser de margarine ni de beurre végétal)
- 2 g de sel fin
- 2 g de sucre cristal + QS pour l'enrobage
- 120 g de farine T45
- 110 g d'œufs entiers
- QS d'huile d'arachide (ou d'huile pour friture)
- QS de zestes de citron vert

Pâte à tartiner traditionnelle
- 10 g de beurre clarifié
- 60 g de couverture chocolat au lait à 43 %
- 210 g de praliné amandes-noisettes

CHURROS AU CITRON VERT

1. Comme pour une pâte à choux, faire bouillir le lait, le zeste, le beurre, le sel et le sucre dans une casserole.

2. Une fois que cela bout, ajouter la farine (préalablement tamisée) hors du feu (faire une « panade »).

3. Mettre dans un cul-de-poule et introduire les œufs petit à petit.

4. Faire chauffer l'huile à 170 °C dans une grande casserole (il faut que l'huile soit en dessous de la moitié de la casserole).

5. À l'aide d'une poche et d'une douille cannelée PF14, faire des petits churros directement au-dessus de la casserole et cuire jusqu'à la coloration désirée.

Enrober dans du sucre cristal mélangé aux zestes de citron vert.

PÂTE À TARTINER TRADITIONNELLE

1. Préparer le beurre clarifié : mettre une plaquette de beurre dans une casserole. Faire fondre lentement (sans bouillir) jusqu'à ce que le petit-lait descende dans la casserole. Stopper et laisser cristalliser. Récupérer la matière grasse et jeter le petit-lait. Faire refondre le beurre clarifié au micro-ondes quelques secondes.

2. Faire fondre le chocolat à 30 °C au micro-ondes, petit à petit en remuant toutes les 20 à 30 secondes avec une maryse.

3. Mélanger le beurre clarifié fondu à 30 °C et la couverture chocolat à l'aide d'une spatule.

4. Ajouter le praliné et bien mélanger.

5. Mettre en pots ou dans des ramequins pour déguster avec les churros tièdes.

3

5

ASTUCE

Stériliser les pots en les passant au lave-vaisselle par exemple. Si vous n'avez pas de lave-vaisselle, prendre une grosse marmite, mettre les pots et remplir d'eau chaude jusqu'à immersion. Lorsque cela commence à frémir, laisser bouillir environ 20 minutes et stopper.

Quelle gourmandise ces churros ! Sûrement une de mes préférées quand je partais à la plage étant gamin (et encore aujourd'hui). Le pep's du citron vert redonne une seconde jeunesse à ce beignet ancestral. Un délice à consommer pourquoi pas avec sa pâte à tartiner traditionnelle.

POUR ENVIRON 10 À 12 POTS de 130 ml

CONFITURE FRAISES VANILLE

- 115 g de sucre cristal + 415 g
- 8 g de pectine (si possible « Rapid Set 150 SAG » spéciale confiture ou pectine NH à défaut)
- 1 kg de fraises fraîches mûres
- Le jus de ½ citron
- 2 gousses de vanille de Tahiti
- 415 g de glucose
- 115 g d'eau

Prévoir des pots de confiture stérilisés ; ici une dizaine de petits pots de 130 ml. Pour préparer vos pots : placer les couvercles dans une casserole remplie d'eau et faire bouillir. Mettre les pots en verre vides au four à 100 °C pendant au moins 20 minutes. Sortir au dernier moment lors de la mise en pots des confitures.

1. Bien mélanger les 115 g de sucre avec la pectine et réserver.

2. Mettre les fraises dans une casserole, le jus de citron et les 415 g de sucre et faire chauffer à petit feu. Gratter la vanille et l'ajouter dans la casserole (si vous utilisez de l'extrait de vanille, l'ajouter uniquement à la toute fin pour éviter que cela caramélise).

3. Une fois que cela frémit, ajouter le glucose dans la casserole (peser hors du feu) et refaire frémir la confiture à petit feu.

4. Dès que le glucose est fondu, faire cuire à feu moyen pendant environ 10 à 15 minutes (à petit bouillon).

5. Lorsque vous atteignez 102 °C à 103 °C environ (utiliser un thermomètre à sucre ou un thermomètre confiseur), ajouter le sucre pectiné. Faire bien bouillir 2 à 3 minutes (il faut atteindre entre 60 et 62 degrés Brix à la fin, si vous avez un réfractomètre, ou 103 °C).

6. Verser à chaud dans les pots de confiture préalablement stérilisés. Bien fermer et retourner les pots entre 5 et 10 minutes.

Un grand classique des confitures et des souvenirs d'enfance, dévoré en famille au petit déjeuner ou au goûter, avec une tartine de beurre. Tellement bon et apprécié toutes générations confondues !

POUR UNE DIZAINE DE POTS ENVIRON de 130 ml

CONFITURE MANGUE SAFRAN

- 15 g de sucre cristal + 650 g
- 10 g de pectine Rapid Set 150 SAG
- 750 g de cubes de mangues fraîches
- 170 g de purée de mangue
- 80 g de purée fruit de la Passion
- 165 g de glucose
- 2 gousses de vanille de Madagascar
- 7 pistils de safran

“

Une confiture qui permet de décrocher les étoiles. Que du bon ! Du sucre, des fruits, des épices… Le safran arrondi le sucre et la mangue apporte de la texture à la confiture. À consommer par exemple avec un bon fromage basque !

Prévoir des pots de confiture stérilisés ; ici une dizaine de petits pots de 130 ml. Pour préparer vos pots : placer les couvercles dans une casserole remplie d'eau et faire bouillir. Mettre les pots en verre vides au four à 100 °C pendant au moins 20 minutes. Sortir au dernier moment lors de la mise en pots des confitures.

1. Bien mélanger les 15 g de sucre avec la pectine et réserver.

2. Mettre les morceaux de mangues, les purées de fruits, les 650 g de sucre, le glucose, la vanille (préalablement grattée) et le safran dans une casserole.

3. Chauffer la confiture à feu moyen pendant 10 à 15 minutes (petit bouillon) jusqu'à atteindre les 102 °C à 103 °C (utiliser un thermomètre à sucre ou un thermomètre confiseur).

4. Ajouter le sucre pectiné. Faire bien bouillir 30 secondes (il faut atteindre entre 58 et 65 degrés Brix à la fin avec un réfractomètre, ou 103 °C).

5. Verser à chaud dans les pots de confiture. Bien fermer et retourner les pots entre 5 et 10 minutes.

Restériliser les pots : stériliser les pots en les passant au lave-vaisselle par exemple. Si vous n'avez pas de lave-vaisselle, prendre une grosse marmite, mettre les pots et remplir d'eau chaude jusqu'à immersion. Lorsque cela commence à frémir, laisser bouillir environ 20 minutes et stopper.

INVISIBLE UMAMI

Qu'est-ce que l'« umami » ? Ce terme, qui signifie « un goût savoureux » en japonais, décrit une nouvelle saveur. Le glutamate, que l'on retrouve dans des viandes, des légumes, des produits fermentés, est riche en umami. De même que l'inosinate, dans des viandes et poissons et le guanylate, essentiellement dans des champignons séchés.

L'umami est le plus souvent distingué dans les pays asiatiques, où il est né et où il est plus courant, puisque cette saveur est extrêmement concentrée dans les sauces fermentées (telles que la sauce soja, le nuoc-mam, les saumures...) et les poissons fumés (plus répandus donc en Asie)... En France, nous l'évoquons depuis seulement une quinzaine d'années...

Avant de savoir où nous allons retrouver l'umami, il est important de découvrir comment fonctionnent nos papilles gustatives, car c'est une saveur qu'elles vont découvrir après avoir capté le sucre, le sel, l'amer et l'acide. L'umami va provoquer une salivation qui fera apparaître ce « goût savoureux ». Pour être plus clair avec vous, c'est le genre de saveur qu'on peut retrouver dans le fond d'une casserole où a cuit un bouillon, un fond de veau, et qui vous donne envie de plonger le doigt dedans.

Qu'est-ce qui va favoriser « la cinquième saveur umami » ? Et donc quel produit puis-je utiliser pour provoquer cette saveur ? Les aliments du quotidien contiennent naturellement du glutamate : ainsi des tomates (plutôt bien mûres), des viandes fumées, des champignons, des mûres, des épinards, du thé vert, des algues... De même que beaucoup de produits fermentés tels que les sauces soja, les fromages et les bières. Par exemple, le fromage le plus « umami » en France serait le roquefort (car c'est l'un des plus fermentés). C'est peut-être pour cela que les Asiatiques sont friands de fromages français. Donc utiliser ces produits dans vos préparations va forcément favoriser ce goût très rond et savoureux. Commencez-vous déjà à saliver rien qu'à en entendre parler ? C'est ça aussi l'umami.

Mais on a encore beaucoup à apprendre sur l'umami… De nombreux chefs, dont je fais partie, décrivent cette saveur par une sensation. Je parlerai souvent de retour en enfance, d'une irrésistible envie de replonger la cuillère dans le ramequin ou le fond de la casserole, de « recroquer dedans ». Je vous invite vivement à chercher cette sensation au bout de vos propres papilles, et je peux vous l'assurer, elle vous amènera au septième ciel des saveurs. C'est ce qu'on appelle « un orgasme culinaire » ; celui qui va vous faire frissonner, qui va activer les capteurs de vos papilles, déclencher des jets de salive sous la langue et un désir irrésistible.

Avec toutes ces connotations salées, peut-on donc parler d'umami en pâtisserie ? La réponse est oui, bien évidemment. Car je vous rappelle que la tomate est considérée comme un fruit, de même que l'avocat, et beaucoup d'autres fruits bien mûrs en contiennent également (le kaki, presque « mielleux », est extrêmement « umami », pour certaines personnes). En utilisant ces produits en pâtisserie, il est possible d'atteindre l'umami. Et pourquoi pas en préparant un riz au lait (qui est finalement une fermentation de lait ou plutôt une réduction du ferment lactique) avec un coulis de mûres ? Ou encore une confiture fraises-tomates avec des fruits bien mûrs ?

Comme je vous le précisais un peu plus haut, l'umami est également une sensation. Donc à vous de trouver la vôtre. Vous verrez ainsi au travers des recettes de ce chapitre que nous utilisons beaucoup les clés de l'umami (tomates, confits, jus réduits…) afin de provoquer cette sensation. Tentez donc la « tartine umami de pain d'épices ».

Pour vous donner des exemples encore plus concrets et personnels, mon umami c'est manger un tournedos Rossini avec un fond de veau bien épais et saucer le tout jusqu'à la dernière bouchée. Je sais que cela ne se fait pas, mais c'est le genre de plat où vous voulez lécher l'assiette. En pâtisserie, je resterai tout simplement sur un riz au lait, avec des morceaux de mangues bien mûres.

Ma femme est d'origine asiatique, et quand je la regarde manger ses prunes séchées salées sucrées (ces fameuses prunes en boissons fermentées appelées *xi muoi*), la sensation qu'elle exprime à ce moment-là est bien la saveur de l'umami : salivation assurée, une impression de « reviens-y »… Mais attention, chacun son umami, et celui-ci n'est pas le mien, trop salé. Je respecte : je lui en achète pour elle toute seule…

POUR 6 VERRINES

VERRINES MASCARPONE AUX TOMATES CONFITES

Crème mascarpone
- 150 g de crème fraîche liquide à 35 % de matière grasse
- 150 g de mascarpone
- 30 g de sucre glace

Compotée aux tomates confites
- 300 g de tomates cerises
- 60 g de framboises
- 80 g de sucre cristal
- 20 g de sauce soja sucrée
- 20 g de tomates séchées confites

Montage
- Huile d'olive

« Assemblons des saveurs bien connues en version sucrée. Les tomates associées à l'huile d'olive révèlent bien le côté umami de ce dessert, renforcé par le mascarpone.

CRÈME MASCARPONE

1. Mettre tous les ingrédients dans une cuve de batteur bien froide. Monter (très ferme) à l'aide d'un fouet.

2. Réserver au frais dans une poche à douille (ici sans douille).

COMPOTÉE AUX TOMATES CONFITES

1. Dans une casserole, mettre les tomates cerises, les framboises et le sucre. Cuire à feu doux entre 5 et 10 minutes (pour obtenir un léger épaississement).

2. Déglacer avec la sauce soja sur le feu. Bien mélanger.

3. Ajouter les tomates séchées émincées hors du feu. Bien mélanger.

MONTAGE

1. Pocher la crème mascarpone au fond de la verrine (environ la moitié du verre).

2. Remplir l'autre moitié avec la compotée de tomates.

3. Ajouter un peu d'huile d'olive par-dessus (ici l'équivalent d'une pipette ou d'une cuillerée à soupe).

POUR 3 ROULEAUX DE MAKIS (400 g de riz au lait) coupés chacun en 6 makis

MAKIS BETTERAVES TOMATES

Riz au lait vanille

- 140 g de riz rond
- ½ l d'eau
- 1 pincée de sel fin
- 1 gousse de vanille de Tahiti (ou extrait de vanille ou poudre de vanille)
- 1 l de lait entier
- 150 g de sucre cristal
- 30 g de masse de gélatine (ici spécifiquement pour la recette des makis. Si vous souhaitez réaliser un riz au lait classique : n'incorporez pas de masse de gélatine)

Gélifié de betteraves tomates

- 160 g de betteraves rouges cuites en cubes
- 30 g de framboises entières (fraîches ou congelées)
- 10 g de jus de yuzu
- 10 g de concentré de tomates
- 50 g de sucre cristal
- 50 g de masse de gélatine (voir page 26)

Sauce

- 30 g de purée de framboises et 20 g de sauce soja sucrée bien mélangées

- **Prévoir** : des feuilles d'algues nori (feuilles à sushis/makis/california rolls) et un tapis à rouler les sushis (natte en bambou).

RIZ AU LAIT VANILLE

1. Laver le riz dans de l'eau froide plusieurs fois.

2. Mettre le riz dans une casserole avec le ½ l d'eau et la pincée de sel, faire bouillir et cuire environ 5 minutes (ici « à moitié cuit »). Égoutter le riz.

3. Gratter la gousse de vanille dans une casserole, ajouter le lait, la moitié du sucre et faire bouillir.

4. Ajouter le riz précuit. Cuire environ 20 minutes à feu moyen jusqu'à obtention d'une texture crémeuse.

5. En fin de cuisson, verser un quart du sucre. Bien mélanger au fouet. Puis ajouter le reste du sucre si nécessaire (suivant le goût et l'épaisseur). Mélanger et réserver.

3

6. Ajouter 30 g de masse de gélatine dans 400 g de riz au lait et bien mélanger pendant que c'est chaud.

7. Faire refroidir sur une plaque et filmer au contact.

GÉLIFIÉ DE BETTERAVES TOMATES

1. Mixer les betteraves, les framboises, le jus de yuzu et le concentré de tomates pour en faire une purée. Ajouter le sucre et continuer de mixer.

2. Faire fondre la masse de gélatine avec une petite partie de la purée (à l'aide du micro-ondes).

Remélanger avec le reste des pulpes.

3. Couler dans un cerclage en Inox préalablement étanchéifié avec un film alimentaire (ici un carré de 18 cm).

SUITE… GÉLIFIÉ DE BETTERAVES TOMATES

4. Bloquer en congélation.

5. Couper des « languettes » de 1 cm de largeur sur 18 cm de longueur (en fonction de votre cerclage en Inox).

5

DRESSAGE

Dresser comme des makis salés :

1. Poser une feuille de nori sur le tapis (face brillante en dessous, en contact avec la natte) ; pocher un rondin de riz au lait sur le centre de la feuille. Se mouiller légèrement le bout des doigts. Étaler un peu avec les doigts presque jusqu'au bout de la feuille (laisser une marge de 1 à 2 cm).

2. Insérer un gélifié de betterave sur le riz pas tout à fait au milieu, proche de vous (à environ 2 cm du bord).

3. Pocher de nouveau un filet de riz au lait sur le gélifié de betterave.

1

2

3

SUITE… DRESSAGE

4. Rouler le maki en tenant fermement le tapis de chaque côté entre le pouce et l'index, de sorte que le bord supérieur rencontre le bord inférieur. Exercer une légère pression sur le rouleau afin de bien le compacter et le tenir en forme. Soulever le bord de la natte et pousser le rouleau vers l'avant afin que le rouleau puisse se sceller de lui-même. Idéalement, bloquer le rouleau au congélateur avant de découper à l'aide d'un grand couteau (6 makis par rouleau, en coupant les bouts).

Un trompe-l'œil original et fascinant ! La betterave, les algues et le riz au lait dansent ensemble sur un lit de sauce soja framboises, bien connue pour leur saveur umami en Asie.

POUR 6 TARTINES

TARTINES UMAMI DE PAIN D'ÉPICES

Pain d'épices (allégé en sucre)
- 75 g d'œufs entiers
- 50 g de sucre cristal
- 175 g de lait entier
- 200 g de miel
- 125 g de farine T55 (ou T45 à défaut)
- 125 g de farine de sarrasin
- 10 g de levure chimique
- 5 g de vanille en poudre
- 1 zeste de citron jaune
- 1 zeste d'orange
- 8 g de mélange de 4 épices

Confit de tomates
- 1 oignon rouge
- 1 filet d'huile d'olive
- 1 noix de beurre doux
- 350 g de tomates cerises
- 5 g de concentré de tomates
- 40 g de sucre cristal
- 15 g d'eau

Montage
- QS d'huile d'olive
- QS de tomates cerises (environ 1 coupée en 4 par tartine suivant la taille)
- QS d'ail noir
- QS de grenade
- QS de fleur de sel
- 1 zeste de citron jaune

Émotions et gourmandise, avec une recette simple mais fruit d'une longue réflexion. Le tout sur une tartine de pain d'épices. Sûrement le dessert le plus umami que j'ai pu goûter et faire.

PAIN D'ÉPICES (ALLÉGÉ EN SUCRE)

1. Mélanger les œufs et le sucre (blanchir) dans une cuve de batteur à l'aide du fouet.

2. Chauffer le lait et le miel dans une casserole à 50 °C.

3. Ajouter le lait et le miel aux œufs blanchis dans la cuve de batteur, en mélangeant à peine.

4. Incorporer les farines et la levure chimique préalablement tamisées et mélanger.

5. Ajouter la poudre de vanille, les zestes de citron et d'orange, et le mélange de 4 épices. Bien mélanger.

6. Couler dans un cerclage en Inox (ici un carré de 18 x 18 cm) beurré puis déposer sur une plaque avec une feuille de four (ou une feuille en fibre de verre).

7. Cuire à 170 °C au four ventilé chaleur tournante pendant environ 15 minutes (jusqu'à ce que la pointe de couteau ressorte bien sèche).

8. Faire refroidir avant de démouler et de découper les tartines.

CONFIT DE TOMATES

1. Émincer très finement l'oignon rouge.

2. Faire chauffer une casserole avec le filet d'huile d'olive et une noix de beurre.

3. Mettre les oignons et les faire suer quelques secondes. Ajouter les tomates cerises (préalablement coupées en quatre) et bien remuer.

4. Au bout de quelques secondes supplémentaires, ajouter le concentré de tomates, et enfin le sucre et l'eau. Bien mélanger et laisser cuire jusqu'à un léger épaississement (à feu très doux).

5. Réserver au frais (jusqu'à refroidissement complet) avant dressage.

MONTAGE

1. Découper des tranches de pain d'épices selon votre moule (ici 1 cm d'épaisseur maximale).

2. À l'aide d'un pinceau, napper la tranche avec de l'huile d'olive.

3. Tartiner la tranche avec du confit de tomates à l'aide d'une spatule ou d'une cuillère.

4. Ajouter les quartiers de tomates fraîches.

5. Décorer avec de fins petits morceaux d'ail noir (attention, très puissant).

6. Parsemer avec quelques graines de grenade.

7. Assaisonner avec un peu de fleur de sel.

8. Zester un peu de citron jaune.

POUR ENVIRON 15 CREAM'LÉS, prévoir des moules à cannelés en cuivre (petits, moyens ou grands)

CREAM'LÉS THÉ VERT

Pour les moules à cannelés

- Beurre de graissage ou du beurre à cannelés (ou du beurre clarifié à défaut).

Appareil à cannelés – appareil à faire 24 heures avant cuisson

- 750 g de lait entier à température ambiante
- 1 gousse de vanille de Madagascar (ou vanille en poudre ou extrait de vanille)
- 50 g de beurre (ne pas utiliser de margarine ni de beurre végétal) + QS pour les moules
- 250 g de lait entier froid
- 200 g de farine T45
- 50 g de fleur de maïs
- 500 g de sucre cristal
- 100 g d'œufs entiers
- 120 g de jaunes d'œufs
- 100 g de rhum brun

Coulis semi-gélifié mûres framboises yuzu pomelos (pour environ 25 cream'lés)

- 200 g de purée de mûres
- 100 g de framboises fraîches
- 25 g de masse de gélatine (voir page 26)
- 50 g de sucre cristal
- 75 g de cubes de pomelos
- 1 zeste de citron jaune
- 20 g de jus de yuzu

Crème Nicolate thé vert (pour environ 25 cream'lés)

- 250 g de lait entier
- 5 g de thé vert (houji ou matcha)
- 60 g de sucre cristal
- ½ gousse de vanille (ou 1 c. à c. de poudre de vanille ou d'extrait de vanille)
- 60 g de jaunes d'œufs
- 20 g de poudre à crème (ou fleur de maïs)
- 10 g de masse de gélatine (voir page 26)
- 65 g de beurre (ne pas utiliser de margarine ni de beurre végétal)
- 150 g de crème fraîche

Au préalable : bien « culotter » les moules s'ils sont neufs. Idéalement, utiliser du beurre à cannelés. Beurrer généreusement les moules à l'aide d'un pinceau. Cuire les moules vides pendant au moins 1 h 30 à 180 °C.

APPAREIL À CANNELÉS

1. Faire chauffer les 750 g de lait avec la vanille dans une casserole.

2. Au premier bouillon, sortir du feu et ajouter le beurre.

3. Verser les 250 g de lait froid une fois que le beurre est bien fondu.

4. Mettre la farine, la fleur de maïs et le sucre dans un cul-de-poule suffisamment grand. Bien mélanger et faire un puits.

5. Mettre les œufs et jaunes d'œufs dans le puits. Ajouter un peu du mélange de lait et bien fouetter. Continuer à verser le lait puis le rhum et bien mélanger.

6. Filmer au contact et réserver au frais pendant 24 heures.

“

Un délice onctueux et croquant qui ne vous laissera pas indifférent. L’Asie est la source principale de mes inspirations. Ce cream’lé en témoigne, où j’ai réuni des saveurs « umamisantes ».

SUITE… APPAREIL À CANNELÉS

7. Beurrer les moules (idéalement avec un beurre de graissage ou du « beurre à cannelés » à base de cire d'abeille) puis garnir. Cuire à 180 °C entre 50 minutes et 1 heure (suivant le moule) avec les moules garnis « pas tout à fait jusqu'en haut ». Les cannelés doivent avoir une couleur marron et une coque croustillante.

8. Si vous n'avez pas de beurre à cannelés, vous pouvez à défaut utiliser du beurre clarifié : mettre une plaquette de beurre dans une casserole. Faire fondre lentement (sans bouillir) jusqu'à ce que le petit-lait descende dans la casserole. Stopper et laisser cristalliser. Récupérer la matière grasse et jeter le petit-lait.

9. Préparer le cannelé en « cream'lé » : quand le cannelé est bien refroidi (voire idéalement congelé), couper le chapeau bien droit avec un couteau-scie. Creuser l'intérieur sans percer le cannelé (à l'aide d'une cuillère parisienne par exemple). Vous pouvez réutiliser le cœur du cannelé en « pépites croustillantes » passées au four, enrobées de chocolat, ou en crème, en glace… Garnir le cream'lé avec la crème et le coulis (voir recettes pages 168-169) et remettre le chapeau après le dressage si nécessaire.

7

7

7

COULIS SEMI-GÉLIFIÉ MÛRES FRAMBOISES YUZU POMELOS

1. Mélanger les purées et le jus de yuzu puis verser une petite partie des pulpes sur la masse de gélatine.

2. Faire fondre la masse de gélatine au micro-ondes (veiller à ce que ce ne soit pas trop chaud, mais juste fondu ; sinon faire baisser la température avec plus de pulpe).

3. Mélanger le sucre aux pulpes, et incorporer la gélatine dans les pulpes. Mélanger au fouet.

4. Ajouter les cubes de fruits frais et les zestes.

5. Filmer au contact dans un contenant et réserver au frais.

6. Pocher dans les cream'lés (ou mettre à la cuillère) : les cannelés doivent être préalablement préparés et creusés comme indiqué au-dessus.

CRÈME NICOLATE THÉ VERT

1. Faire bouillir le lait, le thé et la moitié du sucre ainsi que la vanille dans une casserole.

1

2. Dans un cul-de-poule, mettre les jaunes d'œufs, la 2e moitié du sucre et la poudre à crème ; blanchir.

3. Une fois que le lait bout, verser un tiers de lait dans le cul-de-poule pour le prémélange. Reverser ce prémélange dans la casserole pour cuire la crème.

4. Cuire 20 secondes ; fouetter énergiquement.

5. Ajouter la masse de gélatine et le beurre hors du feu pour stopper la cuisson.

6. Coucher entre deux films alimentaires (très fin) et mettre au frigo.

7. Monter la crème fraîche très ferme dans une cuve de batteur bien froide (pour faire une chantilly).

8. Détendre la crème pâtissière au batteur à l'aide du fouet.

9. Faire un prémélange : incorporer la moitié de la chantilly à la crème pâtissière préalablement détendue (après repos et avant utilisation seulement). Ajouter la dernière partie de la chantilly et bien mélanger avec un fouet à la main.

10. Mettre dans une poche à douille (ici avec douille unie 14) puis pocher dans les cream'lés, sur le coulis.

5

6

DÉCOR

Mûres et framboises fraîches, feuilles de thé vert séchées...

COMMENT CRÉER SES PROPRES ALLIANCES

Créer ses propres alliances de goûts, c'est comme « faire l'amour à la nourriture ». C'est en voyageant à travers le monde que mon palais s'est ouvert à toutes ces nouvelles saveurs, tout en me rappelant mes racines. Cependant, pas besoin de voyager physiquement si vous ne le pouvez pas (même si je vous le conseille fortement). L'essentiel est de tester les combinaisons qui vous conviennent.

Cuisinez d'abord avec des goûts classiques (que sucré, que salé, etc.). Puis associez les goûts deux par deux pour ressentir de nouvelles expériences (sucré et salé, salé et acidulé, amer et sucré, etc.). Quelques exemples en pâtisserie : le riz au lait classique qui dès qu'on lui apporte du citron et de la cannelle devient un dessert qui vous transporte, une salade de fruits à laquelle on ajoute du sel et du poivre… Osez intégrer des choses auxquelles vous n'auriez pas pensé.

Une petite expérience à partager avec vous : au Vietnam, j'ai pu découvrir le fruit dit « jambose rouge » ou « pomme d'eau » - *trai man* -, que l'on nous fait systématiquement déguster avec du sel poivré au piment (*Muoi Tieu*). Quelle révélation que ces goûts opposés !

En Asie, on vous propose aussi souvent d'ajouter sur vos plats et vos soupes des herbes, des pousses de soja et du citron, pour procurer un peu d'acidité et d'amertume au côté salé. Et en général, la sauce apporte le côté sucré. Pour les desserts, ils ajoutent fréquemment du sel, des haricots de soja, etc., qui réveillent les papilles.

Enfin, pour trouver son umami, il faut d'abord le « mériter ». On doit goûter, tester, et manger beaucoup de choses différentes avant de comprendre cette saveur umami, qui pour les Européens n'est pas forcément évidente. Les Asiatiques ont plaisir à dire que l'umami se trouve dans les os de porc et de bœuf et dans les sauces fermentées, qui sont les bases des bouillons et qui les rendent extrêmement gourmands.

Il faut donc éduquer votre palais à tous les goûts avant de trouver l'umami : le sucré, le salé, l'acidité et l'amer doivent être encensés en même temps afin d'atteindre « l'extase culinaire ».

Très important également : l'umami est une saveur familiale, de partage et d'amour, propre à chacun. Chaque personne a son umami et son histoire personnels, ses souvenirs. Des croissants qui croustillent et qui vous font saliver, une bonne tartine de confiture sur du pain frais, la tarte aux pommes de votre grand-mère, l'odeur du bouillon de la poule au pot du dimanche matin. Tous ces petits plaisirs qui nous font nous sentir vivants.

À vous de créer le vôtre.

Et surtout, n'oubliez pas l'essentiel : la cuisine, qu'elle soit sucrée, salée, acidulée ou amère, est une histoire de partage et de joie. Il ne faut pas forcément chercher bien loin, car souvent cette extase est déjà ancrée dans votre mémoire gustative. Ne vous mettez pas en quête de l'ingrédient secret, il est devant votre nez.

Autre conseil : pensez à demander à vos aïeuls les recettes qui vous font vibrer afin de les transmettre de génération en génération.

ANNEXES

PETIT GLOSSAIRE CULINAIRE

Bloquer au congélateur : placer une préparation au congélateur pour la « faire prendre ».

Corner : à l'aide d'un outil qui s'appelle une corne, il s'agit de récupérer le reste d'une préparation en raclant un plat.

Couler le nappage : napper.

Couler pour refroidir dans un plat : étaler un produit dans un plat afin qu'il soit plus fin et refroidisse plus vite.

Cuire « à la nappe » : manière de cuire à 85 °C ; on dit « à la nappe » car la crème épaissit comme un nappage ; l'astuce est de mettre de la crème sur une spatule et de tirer un trait avec le doigt : si le trait reste propre c'est que c'est cuit, si cela coule un peu c'est que ce n'est pas cuit.

Décuire : arrêter la cuisson (souvent du sucre, pour éviter qu'il ne devienne amer).

Degré Baumé : il permet de mesure la concentration en sucre, la densité d'un sirop ; plus il y a de sucre, plus le degré Baumé est grand.

Dessécher à petit feu : « dessécher » une pâte à feu doux correspond au moment où la pâte ne colle plus à la casserole à force d'être remuée.

Échelle de Brix : le Brix est une unité de mesure de cuisson qui correspond à la réfraction entre l'eau et le sucre ; on utilise un appareil que l'on appelle « réfractomètre » ; sinon se référer aux degrés Celsius indiqués dans la recette pour une comparaison proche.

Emporte-piécer : utiliser un emporte-pièce ou un cercle à gâteaux (souvent rond) afin de découper nettement et proprement.

En prise de gélification : le produit est en train de gélifier, d'obtenir une texture « gélifiante ».

Faire une « panade » : une panade, c'est la formation d'une pâte lorsque l'eau et la farine entrent en contact à haute température.

Feuille guitare : c'est un type de feuille, transparente, souvent utilisée en pâtisserie ou en boulangerie. Elle sert à éviter le « croûtage » des pâtes et est appréciée notamment pour le travail du chocolat grâce à sa souplesse.

Foisonner : incorporer de l'air dans une crème à l'aide d'un fouet, ce qui va l'aider à monter.

Formes « pomponette » : c'est une forme de moules en petites demi-sphères.

Gâteaux de voyages : ce sont des gâteaux, tels les cakes ou les financiers, qui peuvent se manger en marchant et en général n'ont pas besoin de se conserver au frigo.

Indice ou degré Bloom : c'est une référence de gélatine, l'indice Bloom correspondant à la force de la gélatine. Plus l'indice Bloom est élevé, plus la puissance de la gélatine est forte.

« **Jusqu'à la granulométrie voulue** » : aller jusqu'au calibrage d'un fruit ou d'un fruit sec que l'on souhaite.

Monter ferme : monter veut en général dire « fouetter énergiquement » à l'aide d'un fouet jusqu'à obtenir une texture ferme, qui se tient.

Pectine NH nappage : c'est un type de pectine souvent utilisée en pâtisserie pour napper ; elle a un rôle de gélification.

Pectine NH : elle peut remplacer la pectine NH nappage, et est plus facile à trouver en magasin.

Pipettes d'alcool : petit ustensile en plastique que l'on peut remplir d'alcool ou autre liquide en appuyant dessus.

QS : en quantité suffisante

Réseau glutineux : lorsque la pâte se pétrit, en chauffant (elle augmente en température lors du pétrissage) elle va devenir « élastique » ; ainsi le gluten se forme et on appelle l'extensibilité de la pâte un « réseau glutineux ».

« **Réserver en congélation** » : placer au congélateur.

Sucre givre : type de sucre glace qui contient de l'amidon, ce qui lui évite de fondre, contrairement au sucre glace classique.

Taper : cela signifie que l'on tape le « beurre » avec un rouleau pour l'attendrir.

TABLE DES RECETTES

Achevé d'imprimer en mars 2024 chez DZS, Slovénie